*A orillas del Yukón*

FRAGMENTOS, 66

*Bert Daelemans*

# A ORILLAS DEL YUKÓN

ENCUENTROS EN ALASKA

**FRAGMENTA** EDITORIAL

|                              |                                |
| ---------------------------: | :----------------------------- |
| Publicado por                | FRAGMENTA EDITORIAL            |
|                              | Plaça del Nord, 4              |
|                              | 08024 Barcelona                |
|                              | www.fragmenta.es               |
|                              | fragmenta@fragmenta.es         |
| Colección                    | FRAGMENTOS, 66                 |
| Primera edición              | MARZO DEL 2020                 |
| Dirección editorial          | IGNASI MORETA                  |
| Producción gráfica           | IRIS PARRA JOUNOU              |
| Diseño de la cubierta        | ELISENDA SEVILLA I ALTÉS       |
| Impresión y encuadernación   | ROMANYÀ VALLS, S. A.           |
| © 2020                       | BERT DAELEMANS                 |
|                              | por el texto                   |
| © 2020                       | FRAGMENTA EDITORIAL, S.L.U.    |
|                              | por esta edición               |
| Depósito legal               | B. 3878-2020                   |
|                              | ISBN 978-84-17796-32-7         |
|                              | PRINTED IN SPAIN               |
|                              | RESERVADOS TODOS LOS DERECHOS  |

*En memoria del gran Moses († 2017),
de la pequeña Sandy († 2018)
y del magistral Charlie († 2019).*

*Feliz el río que pasando queda.*
JORGE GUILLÉN

*Para MaryAnn, Norby, Mathew
y sus encantadoras familias,
con profunda gratitud.*

# ÍNDICE

*Prólogo.* Javier Melloni — 9

Cuatro meses entre los yu'pik — 13
Treinta días de Ejercicios — 15
Treinta variaciones sobre un tema — 20

Me llaman — 25
1 Bethel — 31
2 Esperar — 37
3 Aquí estoy — 43
4 Sin equipaje — 47
5 El juego — 51
6 Epifanía — 57
7 El sol — 61
8 Simon — 65
9 El zorro — 73
10 Contemplo — 79
11 El pan — 85
12 Norlita — 89
13 MaryAnn — 93

| | | |
|---|---|---|
| 14 | En casa | 97 |
| 15 | Llaman | 101 |
| 16 | El río | 105 |
| 17 | Sandy | 109 |
| 18 | Thomas | 111 |
| 19 | Cazar alces | 117 |
| 20 | El abrazo | 125 |
| 21 | Alex | 133 |
| 22 | *Ii-i* | 137 |
| 23 | La fiesta | 139 |
| 24 | Estoy perdido | 147 |
| 25 | El torneo | 153 |
| 26 | Mathew | 157 |
| 27 | Las aves | 163 |
| 28 | Sarah | 169 |
| 29 | Mis amigos | 173 |
| 30 | Moses | 177 |
| Me llaman | | 181 |

| | |
|---|---|
| Silencio | 185 |

# PRÓLOGO

## *Javier Melloni*

Estamos ante un texto blanco como la nieve que rodeó y envolvió al autor durante los meses en los que se inscribe este relato. Desde la primera página somos trasladados a un paisaje que no es solo exterior, sino también interior. Cada episodio nos va adentrando en un territorio desconocido y, sin embargo, extrañamente familiar. Narrando una estancia entre esquimales en paisajes sitiados por el frío hostil de Alaska, nos encontramos en un entorno sorprendentemente cálido. Esta modificación de temperaturas se debe al modo como es vivida y transmitida por su autor, el cual consigue que el lector lo acompañe al mismo lugar en el que él se fue adentrando.

Hay lugares en los que solo se puede entrar si uno es recibido. En verdad, esto sucede con todos los lugares del mundo, porque un lugar no es un sitio, sino un espacio habitado, no profanado o invadido. Tal vez este sea el punto clave del relato. El autor es un joven sacerdote jesuita enviado en pleno invierno a una parroquia entre el pueblo yup'ik. Su confesión católica y su procedencia occidental (belgo-flamenca) pudieran haber distorsionado a esa población, aunque esos pueblos ya habían sido cristianizados primero por la Iglesia ortodoxa en el siglo xviii y después por religiosas católicas a finales del siglo xix. Más tarde estuvo el padre Llorente, que se hizo célebre por sus relatos misioneros en Alaska. Hoy tal vez nos sentiríamos incómodos ante aquellas crónicas, por excesivamente eurocéntricas. No es el caso de las páginas que tenemos entre manos. Precisamente uno de los mayores valores de esta narración es el respeto con que el autor se adentra en esa sacralidad blanca.

Su estancia se convierte en un viaje iniciático. El que salió de Alaska cuatro meses después no era la misma persona que llegó. En treinta breves capítulos recorre los trazos de una sutil transformación.

El proceso comienza con un bautismo de cuatro días de espera en un pequeño y desolador aeródromo en una población donde había hecho escala su aeroplano. Poco después, en sus primeros paseos por la nieve, fue recibido por un zorro. Fue el animal quien lo domesticó. También fue siendo domesticado por la población, haciéndolo partícipe de sus pescas y de una caza de alce. Poco a poco fue entrelazando su vida con las suyas. De tal modo habla de los yup'ik y de sí mismo, que a veces no se sabe si se está refiriendo a ellos o a él mismo. En verdad, habla de sí mismo a través de ellos. Tal es el prodigio del verdadero encuentro con el otro: nos ayuda a descubrirnos a nosotros mismos, al mismo tiempo que descubrimos al otro y que el otro se descubre a sí mismo en su contacto con nosotros.

Por ello el relato contiene *flashes* del pasado, como una imagen premonitoria de un valle nevado que tuvo años antes durante el noviciado, o recuerdos de su oración ante la intimidad de la llama del tabernáculo, o el abrazo repentino de un adolescente haciéndole sentirse padre. Todo ello entretejido con la crónica de su servicio a esa población, celebrando la misa diaria casi a solas o asistiendo varias veces a moribundos o difuntos en sus casas, siendo así recibido en el hogar de los esquimales. De este modo brotan reflexiones como: «Cuando un niño nace, llora y todos alrededor están contentos. Ahora es justo al revés: todos alrededor nos sentimos abatidos por la vida que se apaga gradualmente y él ya está en el umbral acogiendo a los suyos.»

Es particularmente significativo el diálogo que tiene con un joven yup´ik sobre el sentido de la presencia del cristianismo allí. El joven le dice que los cristianos les han traído el vocabulario para entender mejor a Dios (Agayun), pero que a Dios no lo han traído, porque ya estaba con ellos. El autor asiente. Si así hubiera sido en el pasado el encuentro entre culturas y religiones, tendríamos un paisaje intercultural e interreligioso muy distinto. Tal vez todavía estemos a tiempo de que se produzcan estos encuentros, donde se da la hospitalidad sagrada porque el huésped sabe entrar descalzo en una tierra que no es la suya. Esto es lo que sucedió en un rincón de Alaska durante estos meses: el pueblo yup'ik pudo acoger a quien se había descalzado al llegar y se había calzado con piel de foca para pisar de forma sagrada la blancura de aquel lugar.

Que este libro aparezca en esta editorial no es casual. Toda editorial tiene la vocación de dejar la palabra a sus autores. No solo para que dialoguen con sus lectores, sino incluso para que los autores dialoguen entre ellos. Recientemente esta casa ha publicado una obra que tiene por título *Incapaces de Dios*. Pues bien, estas páginas están escritas explícitamente con la convicción de que el ser humano «está capacitado de Dios». El desierto blanco está habitado, como habitado está el autor.

Cuando leí esta obra por primera vez, he de decir que me sentí conmocionado de pertenecer al mismo cuerpo de compañeros de quien la ha escrito. Me sucede cada vez que la releo. Estas páginas enseñan a mirar y caminar por el mundo de forma sagrada. Despiertan la capacidad de reconocer la verdad, la belleza y la bondad que se ocultan en cualquier rincón de nuestra tierra.

# CUATRO MESES ENTRE LOS YUP'IK

Entre el 2 de enero y el 2 de mayo del 2017, de lo más navideño a lo más pascual, viví cuatro meses inolvidables entre los esquimales yup'ik en Alaska. Literalmente, yup'ik significa 'gente real' o 'gente de verdad'. Me introdujeron en su realidad y en su verdad, que es la que compartimos todos. Fue un tiempo de iniciación, al compás de la primavera que lenta pero decididamente pisaba esas tierras lejanas. Fue un tiempo mistagógico, que lenta pero decididamente abría mi corazón al insondable misterio de lo que es vivir, sencillamente.

Fue un tiempo litúrgico, de bailes, banquetes y ritos familiares, que lenta pero decididamente ceden el paso a un consumismo superficial con más poder de seducción que los viejos valores de los ancianos. Ellos habían construido sus casas, sus familias, sus pueblos y su pueblo sobre las bases sólidas tanto de su cultura ancestral como del cristianismo que había pisado esta «última frontera», según se suele designar a aquel estado estadounidense.

A finales del siglo XVIII llegaron los rusos ortodoxos. Hoy, sigue habiendo una pequeña comunidad ortodoxa floreciente en Mountain Village. El día que llegué, celebré con ellos su Navidad en su pintoresca iglesia. Pocos días después, tuvimos en nuestra iglesia el funeral ortodoxo del padre de la familia que pronto me acogería como uno de los suyos y me introduciría en los modos de vida yup'ik.

En 1872 llegaron los primeros católicos en la figura de ursulinas y jesuitas que convocaron a los jóvenes al internado de St. Mary's a orillas del Andreafski, hasta que llegaron leyes que dividieron y multiplicaron las escuelas. Los antiguos alumnos y ahora ancianos, los pocos que quedan, supieron mantener juntos los dos pilares de su cultura —la tradicional yup'ik y la cristiana— en una sana sinergia que ahora se derrite, amenazada por el fantasma de una globalización que aplasta y nivela, arrastrando a muchos jóvenes a una aterradora espiral de alcohol, de drogas, de desesperación, de suicidio y de vacío.

El padre Segundo Llorente (1906-1989) ha sido el primer y hasta hoy el único misionero jesuita español en Alaska, inspirando e inflamando con sus historias muchos corazones en su país natal. Hoy hay tres diócesis católicas en Alaska, siendo la más grande y la más pobre la de Fairbanks a la cual fui enviado.

Pasé mis días entre dos poblados, Mountain Village y St. Mary's, muy distintos en su aparente similitud. Me acogieron como a uno de los suyos, por lo cual les estaré eternamente agradecido. Escribo ahora en homenaje y agradecimiento por lo que siguen significando para mí. Me abrieron sus puertas, sus casas, sus vidas, sus familias, sus brazos y su corazón. Me enseñaron cómo sobrevivir en un clima inhóspito. Me enseñaron a pescar, a cazar gansos y alces, a esperar, a escuchar, a hacer duelo. Me enseñaron, sobre todo, qué es la fidelidad.

Con los yup'ik pesqué, hice amigos y encontré a Dios. Para mí fue una extensa «Contemplación para alcanzar amor», a la cual san Ignacio de Loyola invita al final de sus *Ejercicios espirituales*. En el marco de lo que los jesuitas llamamos «tercera probación», fui enviado por mi superior, el padre Charlie Moutenot s. J. (†), y a través de él, por la «mínima Compañía» de Jesús a la cual pertenezco, y a través de este particular «camino hacia Dios», por Dios mismo. Pero no antes de haber pasado por el mes de Ejercicios.

## TREINTA DÍAS DE EJERCICIOS

La tercera probación es un tiempo de formación que solemos hacer los jesuitas después de haber vivido un largo tiempo en la Compañía, en mi caso diecinueve años. La ventaja es que así ya conocemos desde dentro el modo de proceder de este tipo de vida cristiana.

La tercera probación tiene dos focos que aseguran el pulso vital: el mes de Ejercicios, una experiencia sorprendentemente nueva después de haberla vivido tantos años antes en el noviciado, y la experiencia pastoral, en mi caso los cuatro meses en Alaska.

Los Ejercicios reabren el oído a los susurros delicados del Dios de la vida, al latido incansable de su Sagrado Corazón en medio de este siglo XXI, a los gritos y gemidos de los más pobres, del Espíritu y de la creación... por todas partes me llega con insistencia una única melodía persistente: «¡Consolad, consolad a mi pueblo!» (Is 40,1).

No habría podido vivir lo que viví en aquellos meses en Alaska si no hubiera sido por esta experiencia primordial y fundante de los Ejercicios que pusieron para mí las bases fundamentales y el apoyo necesario para poder saltar y para poder caer. No es fácil encontrar esa Mano en medio del runrún de la vida, pero está ahí. Los Ejercicios, la Biblia, el amor, la vida misma, no sirven para mucho más que para desarrollar una asombrosa sensibilidad por lo eterno. Nadie podría darnos un regalo tan exquisito si no fuera por ese Buen Pastor de antaño y de siempre.

Es como aprender a tocar el piano. La técnica, adquirida poco a poco con el debido esfuerzo y tiempo, no sirve sino para descubrir y desplegar ese don de la sensibilidad que llevamos dentro. Por eso, ningún robot puede hacer lo que podemos nosotros los humanos. Técnicamente sí. Pero la vida es más que técnica y virtuosismo. No es eso, en definitiva, lo que admiramos en la gente. Lo que realmente nos asombra es la divina capacidad, en algunos de nuestra especie, de ser tan refinados, de estar tan afinados con su más honda y escondida interioridad, que todo lo que tocan —son músicos de lo eterno— se vuelve oro, reflejo de su interior.

El piano, y estas mismas palabras que escribo, para nada sirven sino para transmitir lo que llevo dentro de regalado y hacerlo resonar con lo que tienes tú, estimado lector. Somos cajas de resonancia de lo eterno. *Homines capax Dei*: capacitados de Dios, de un Dios no como nosotros, pero que nos conoce mejor que nosotros mismos y nos hace ser nosotros mismos mejores que nadie. Quiero hablar de esa sensibilidad, nada más y nada menos. Para eso hay palabras, elijo y convoco palabras, esperando que alguna de esas convocaciones tengan la capacidad de despertar en ti como en mí esa música que nos atrae, nos llama y nos lleva lejos.

La tercera probación quiere ser una *schola affectus*, una escuela del afecto. Ya no hay nada nuevo por descubrir, ni en mí mismo, ni en ese grupo de compañeros dados por Dios, ni en la Iglesia, ni en el mundo, ni siquiera en la vida. Nada nuevo para la mente; todo para el corazón y el afecto. Solo queda profundizar el resto de la vida. Rozando los cuarenta, me vino muy bien repasar mi vida, refundar mis decisiones, reencontrarme con la fuente de mi vida, refrescarme de nuevo en las aguas cristalinas del único manantial que nos da vida de modo gratuito.

Durante esos nueve meses que duró la tercera probación, a mis compañeros y a mí nos tocó descansar en el abrazo de Dios. No es nada fácil cuando falta mucho por hacer. Pero nos tocó primero *ser*, simplemente. Y no solo eso, sino antes, descubrir este abrazo: una tarea interminable. Una aventura, una escuela del afecto que solo no puedo emprender. Alguien me puso en camino, iluminando en ese camino rostros maravillosos, inolvidables, prodigios de una hermosa, divina humanidad que no sé cómo plasmar en palabras. ¿De dónde salían esas caras radiantes y acogedoras? ¿Cómo es que me acogieron a mí?

# TREINTA VARIACIONES
## SOBRE UN TEMA

Desde la experiencia fundante con el Amor de mi vida, salí un día y tomé el avión rumbo a las estepas oscuras y heladas de Alaska. Bach me acompañó y eso me sorprendió. Me acompañó en lo que tiene de eterno. Bach, el genio, estaba allí donde menos lo esperaba. En concreto, desde su pasado lejano en Leipzig, me acompañaron sus eternas *Variaciones Goldberg*.

En la iglesia de St. Mary's encontré un piano. Sus teclas clamaron por mis dedos, y así de sencillo fue. No hay música más perfecta, sólida, sencilla, compacta y consistente que la de Bach. Las *Variaciones Goldberg* para clave son un viaje a partir de un hermoso tema, un incansable riachuelo (*Bach* en alemán) que pasa por treinta exposiciones explosivas o retenidas de emociones muy dispares, como si perfilaran el carácter heterogéneo de distintas personas, para después de más de una hora volver a la misma sencillez del aria, ahora llena, embarazada de tanta vida recorrida, tantos rostros y nombres encontrados, pero que sigue manteniendo, de manera asombrosa, la misma hermosa sencillez.

Es la sencillez que busco ansiosamente en la vida, una sencillez nada simplona. Una sencillez que emiten los sabios nada pedantes. Una sencillez que nutre, hondamente, a los sabiamente ignorantes, respondiendo a no sé qué deseo que llevamos dentro los hambrientos insaciables. Una sencillez completa, divina y eterna. Así fue mi estancia en Alaska y así serán estas memorias: variaciones sobre un mismo tema. No un diario que recoge todo lo vivido desde el primer hasta el último día, sino treinta retrospectivas de encuentros con la gente, con la naturaleza —sobre todo con la inmensidad del paisaje, la asombrosa luz y el silencio—, conmigo mismo, con mis límites y con Dios.

La siguiente historia se desarrolla en treinta variaciones sobre un mismo tema encantador, tan sencillo como complejo: el amor en todas sus vertientes. En efecto, se trata de una escuela del afecto. Sí, fue Amor quien me encontró, sobre todo cuando, como tantas veces, me recluí en el victimismo y el desprecio a mí mismo. Suavemente, el amor me abrió con su acreditada delicadeza y sencillez, como si fuera lo más natural que sea él quien nos desenvuelve cuando nos quedamos atascados mirándonos el ombligo. El amor me llevó allí al umbral de sus casas, de sus familias, de sus historias, de sus nombres y de sus caras. A menudo sin palabras pero envuelto en una infinidad de respeto, de sentido y de intimidad.

Las siguientes variaciones despliegan esta vida, este amor, este tema que por pudor me resistí a recordar durante mucho tiempo pero que ahora, también por respeto, anhelo evocar en el espacio suspendido entre unas pobres palabras, simplemente para honrar lo que es tan auténtico, tan sencillo y tan real : yup'ik. Treinta ventanas a un mundo misterioso y lejano y, sin embargo, tan cercano por ser tan humano. Treinta encuentros que dieron sentido a mi vida; me dieron vida. Treinta rostros que me miraron y me hablaron. Treinta nombres divinamente humanos. Treinta canciones de una «música callada», como dice bellamente san Juan de la Cruz, en esta escuela del afecto que tan bien cuidó de mí. Treinta retrospectivas a lo eterno, donde yo, otra vez, era quien debía ser.

En las siguientes meditaciones, intento comunicar no lo que hice, sino lo que viví. Me doy cuenta de que es una historia muy personal, que seguramente no da cuenta de la mejor manera de la vida yup'ik como lo habría hecho un antropólogo o un periodista, puesto que yo no estaba allí desde esa curiosidad. De hecho, ni siquiera era la curiosidad la que me había llevado allí. Yo era el cura rural, el único en un vasto territorio despoblado a una hora de vuelo de la comunidad jesuita más próxima, un enviado por la Iglesia y por la Compañía para servir a dos comunidades parroquiales en sus necesidades pastorales y sacramentales.

Es desde esta experiencia y desde esta misión que intento expresar lo mejor que puedo el asombro que sentí a cada paso por aquel mundo encantado y encantador donde, para mi sorpresa, encajé tan bien. Es el asombro por aquello que todos compartimos en esta tierra y que salta a la vista cada vez que me aventuro en sus fronteras: nuestra humanidad, en toda su sencillez y dignidad. Por esta razón espero que tú, amable lector, también te encuentres a ti mismo entre estas líneas, entre estos treinta momentos de sencillo hallazgo —mejor dicho, de hallazgo de lo sencillo— de lo que constituye nuestra vida en común en nuestra casa común, aunque estemos lejos.

Con todo, quiero honraros a vosotros, amigos yup'ik de Mountain Village y St. Mary's. Que Dios os bendiga y os guarde. *Quyana caqnek! Tua-i-ngunrituq!*

## ME LLAMAN

*Te ordeno: ¡despiértate!*

Me llaman a Alaska y no pienso ir. Una mañana, Charlie nos convoca a todos en la sala. Somos once presbíteros jesuitas, entre los treinta y nueve y los sesenta años de edad. Llevamos años en la Compañía, entre dieciocho y veinticinco. Hemos venido de muchas partes del mundo: hay un vietnamita de Australia, un filipino, un indio, un keniata, un puertorriqueño, un francés, un polaco, tres estadounidenses y yo, flamenco. Charlie nos presenta los destinos posibles para la experiencia pastoral. Entre ellos figura Alaska. De esas tierras tan desoladas me quedan grabados los videos caseros tomados desde una avioneta y solo más tarde sabré que en este momento despiertan un deseo que albergo desde hace mucho tiempo.

Antes de venir a la tercera probación, había excluido con firmeza a Alaska como posibilidad pastoral. Había oído hablar de esa aventura pero no quiero más aventuras. No me apetece más «turismo solidario». No anhelo conocer nuevos continentes. Ya no busco lo exótico: crecí en ello. Ahora busco algo más sencillo y menos extraordinario. Tampoco soy la persona adecuada para ese tipo de aventuras. Ya no tengo veinte años para acampar en condiciones mediocres. Cuanto más oigo hablar sobre este lugar, menos ganas tengo de ir. La alta probabilidad de quedar atrapado durante días sin fin en un aeropuerto sin vida no me atrae en absoluto. Me espantan el frío y la oscuridad. La verdad es que sueño con algo más cálido. Una brevísima experiencia en el Perú hace algunos años hizo que me enamorase de las Américas. Por favor, dadme trabajo en Chiapas, Cuzco o Cochabamba. A Alaska enviad a alguien con más ánimo, alguien más robusto, más preparado y más misionero.

Pero nadie se presenta. Nadie se deja atrapar. Nadie se deja seducir por las persistentes llamadas venidas del hielo norteño. Poco a poco, mis compañeros van eligiendo sus destinos: Chicago, Nueva York, Los Altos, Micronesia. Ellos responden generosamente a peticiones venidas de colegios, universidades, parroquias, hospitales y centros espirituales donde trabajarán con empeño en los próximos meses. Les deseo lo mejor.

No obstante, desde que oigo hablar de Alaska, no logro acallar algo dentro de mí. Pasan días y semanas y sigo luchando zarandeado por olas gigantescas.

No me decido. ¿Qué esperas de mí? Me siento libre y al mismo tiempo atrapado entre dos deseos, ambos buenos a primera y segunda y tercera vista. Una cosa tengo clara, y es el tipo de trabajo al cual me siento llamado. Es decir: servir en una parroquia sencilla, preferentemente de campesinos. Pero ¿dónde? Personalmente, me inclino por Latinoamérica: con ella tengo un capítulo pendiente. El problema es que de allí no viene ninguna petición y en Alaska necesitan curas: no uno ¡sino dos o diez!

Lo que no se acalla en mí es el *tono* de la llamada. Del amplio abanico de posibilidades, solo esta tiene aquel tono de súplica, aquella solicitud, aquella insistencia que me persigue adonde voy. Es como una semilla que brota y crece en mi interior, hasta que no aguanto más y me ofrezco, vencido. Para mí es como responder a la orden que hace el Resucitado a los muertos según una antiquísima homilía pascual: «Te ordeno: ¡despiértate!» No se trata de una amable invitación sino de un mandato punzante que trae consigo la fuerza para hacerlo *nosotros*. Ha resucitado *para que nos despertemos y nos levantemos. Nosotros* tenemos que hacerlo. Es verdad, *tus caminos no son mis caminos.*

Me llaman a Alaska y respondo a esta orden, pero no sé en qué me he metido. Sin embargo, de repente lo sé: respondo a una llamada que también viene de dentro de mí. Trabajar como cura rural, meses en solitario, sirviendo a los esquimales en unos poblados a los cuales se llega solamente en avioneta o en todoterreno, esto me atrae a pesar de todo. Corresponde a algo que albergo desde mi infancia en Camerún, donde mi mirada de niño seguía a la de mis padres en su admiración por las misioneras y los misioneros que entregaban su vida y su comodidad para hacer un poco menos incómoda la de gente desconocida a la que lograron conocer mejor que a sus propios hermanos.

Desde entonces, Alguien me está llamando sin decirme muy bien quién es ni cómo es que me habla. Para poder un día tener respuesta a estas preguntas tengo que picar el anzuelo. Eso sí lo sé: *tengo que* hacerlo. Me siento empujado, atraído, seducido por aquellas tierras lejanas y aisladas. Ahora me advierten: va a ser muy duro. Prepárate. ¿Estás *realmente* seguro? Pues, ahora que me lo dices así… no sé. Tal vez esta misión busca a los fuertes, a los enamorados, a los convencidos, algo que no soy. Le doy unas vueltas más para asegurarme de que no es un capricho del momento, una ola de generosidad romántica pero poca seria.

Entonces busco más información sobre la experiencia. Escribo a mi predecesor, quien tarda en responder porque vive ahora en una isla tropical desconectado del mundo. Cuando su respuesta por fin llega es capaz de quitarme el aliento y con él cualquier idea romántica que me hubiera hecho: me dice que siete capas de ropa eran apenas suficientes para aguantar el frío y que esas capas además le impedían mucho la movilidad cuando necesitaba quitar la nieve acumulada para poder salir de casa. Pero también me asegura que no hay nada tan asombroso como los paisajes helados y extensos que pudo ver allí.

Me advierte que tengo que estar preparado para demoras de días en un aeródromo debido a la siempre imprevisibilidad del clima. Él mismo se quedó atrapado en una aldea durante seis días, incapaz de volver a casa. Sobre todo me entran dudas cuando me comenta que, a pesar de su predisposición natural hacia la soledad, eso no tuvo nada que ver con aquel espantoso aislamiento en Alaska que le llevó al borde de la locura. Y eso que se había llevado muchos libros para pasar el tiempo, porque había días enteros en los que no sabía qué hacer. Además, por si eso fuera poco, había tenido que lidiar con los abusos, los suicidios, el alcoholismo y el cotilleo.

A pesar de todo, fue feliz y me lo recomienda vivamente. Así que voy.

I

# BETHEL

*Tú eres lo que queda
cuando desaparecen tus pensamientos.*

PABLO D'ORS

Bethel es donde empieza mi aventura. El avión aterriza en el pequeño aeródromo de esta ciudad. Es de noche y estoy cansado. Llevo horas volando, con dos escalas estresantes en Seattle y Anchorage que casi me hacen perder la siguiente conexión.

Recuerdo muy bien la bahía de Anchorage, un cuadro precioso al atardecer con reflejos insólitos del sol poniente sobre las aguas heladas. Ahora me da pena no guardar ninguna imagen de este espectáculo pero entonces disfruté la gratuidad del momento. Llegué a Alaska al atardecer y tal vez es simbólico. En aquel instante me pareció que el mundo se estaba apagando inexorablemente, dejando que la noche se instalara para siempre, arropándolo todo con su cubierta amenazante de nubes oscuras. No sin recelo entré en el tercer avión, más pequeño, para que me llevara aún más adentro, detrás de la cordillera donde la noche ya reinaba.

La terminal de Bethel está llena de gente y me desconcierta. Uno puede palpar la tensión en el aire. Entenderé solo más tarde que en esas fechas es todo un evento cuando un avión logra aterrizar y que la gente solo intenta volver cuanto antes a sus casas después de celebrar la Navidad con sus familias. Pero el clima a principios de enero, con pocas horas de luz y mucha niebla, no suele ser de los más favorables para volar. Por eso se acumula la gente en la terminal. Ya son muchos los días en que el mal tiempo mantiene las avionetas y los pasajeros en tierra, llenando la terminal de sudor, humedad, niños que corren y gritan, olor a comida china y conversaciones atenuadas.

Entre los rostros desconocidos percibo a alguien que bien pudiera ser jesuita. Aliviado por encontrarme por fin con alguien que me lleve a casa, me acerco. Pero no ha venido por mí. Es, en efecto, el padre Gregg, pero igual que los demás está esperando una avioneta que lo lleve a uno de los pueblos costeros también servidos por los jesuitas.

Con sus tres mil habitantes, su dispensario y su aeródromo, Bethel es la ciudad que administra a los cuarenta y ocho pueblos diseminados en el delta que lleva el nombre de los ríos Yukón y Kuskokwim. Mi destino final no es Bethel sino uno de esos pueblos: Mountain Village. Solo tendré una noche para aclimatarme en la única comunidad jesuita de Alaska.

Con horror descubro que mi equipaje no está entre los bultos que salen del avión. No sé disimular el pánico en mi rostro. Apenas logro reprimir una amarga sonrisa cuando pienso en las horas pasadas en encontrar, elegir, probar, descartar y finalmente comprar un atuendo caro pero cálido, con la extraña pero improbable promesa de salvarme la vida de un frío áspero y desagradable. Dios sabe dónde están esos dos juegos de ropa térmica, pero aquí estoy sin nada.

※

Felizmente tengo una comunidad de jesuitas que me acogen con los brazos abiertos y me dejan cosas que serán de lo más útil en una experiencia que tiene mucho de aventura. El plan consiste en salir a la mañana siguiente hacia el pueblo de St. Mary's para encontrarme con las hermanas Kathy y Ellen y para recoger una moto de nieve —aquí se llama *snowmachine* o, más grácil, *snowgo*— que me llevará a Mountain Village.

Apresuradamente, lleno una maleta con cosas indispensables que me indica el padre Mark, como un buen abrigo —no el de cientos de dólares que he traído y que se quedará colgado en Bethel hasta que vuelva—, unos guantes, unas botas con sus crampones para no resbalarme sobre el hielo, unas gafas de esquí y una máscara de neopreno para aguantar el frío en la *snowgo*. Es mucha información nueva en poco tiempo. ¿Qué? ¿Se puede atrapar tan fácilmente *frostbite*, la quemadura de piel por causa de vientos helados? ¿Se supone que voy a ir de pueblo en pueblo por un río helado? ¿Aguantará el hielo? ¿No hay brechas en las cuales pueda caer? ¿Deberé ir solo? ¿Qué haré si me pierdo? ¿En qué me he metido? Pero no hay tiempo que perder en comodidades y hay que hacer lo que he venido a hacer. Esta noche duermo como puedo.

Al día siguiente, la temperie no ha cambiado. Para ocuparme, el padre Chuck, el párroco de Bethel, me lleva a ver su iglesia, un edificio sencillo de madera. ¡Qué sorpresa encontrarme allí con una vidriera de la Inmaculada que me saluda en mi lengua materna: «Ik ben de Onbevlekte Ontvangenis», 'Yo soy la Inmaculada Concepción'! En los años cuarenta, un jesuita flamenco la había traído desde Bélgica y tal vez soy yo desde hace mucho tiempo la primera persona que entiende lo que dice. Aunque hay católicos en Bethel desde finales del siglo XIX, solo desde 1943 se estableció una misión permanente con la construcción de la iglesia.

Cinco son los jesuitas en la comunidad y son los únicos sacerdotes que, desde esta base, sirven a los católicos en los pueblos de alrededor. Muchas parroquias tienen al frente a un diácono permanente que cuida la vida pastoral y sacramental del pueblo. También en Mountain contaré con el diácono Elmer, que me será de gran ayuda a la hora de adaptarme a las costumbres yup'ik.

Mi jefa, consultora, guía y confidente esos meses será la hermana Kathy, que desde St. Mary's velará por mí como una madre. En Bethel me ha dejado un móvil, nada de *smartphone*, sino algo tan anticuado que me cuesta recordar cómo manejarlo. No obstante, me salvará la vida.

## 2

## ESPERAR

*Largo se le hace el día a quien no ama
y él lo sabe.*
CLAUDIO RODRÍGUEZ

Esperar es lo que toca. Durante cuatro días vuelvo a la terminal. *Weather permitting* se hace una frase familiar: saldremos cuando lo permita el tiempo. Dependemos aquí, más que en otra parte del mundo, de los caprichos de la naturaleza. Hay que respetarlos sin refunfuñar si quieres seguir con vida. Tal vez se levante la niebla, tal vez no. Nunca se sabe. Es que las avionetas no pueden aterrizar sin una mínima visibilidad. Por lo tanto, hay que estar presente en la terminal, esperando. Por si te llaman y tienes que salir enseguida.

El personal no parece muy dado a dar información, pero tal vez tampoco sepa mucho. Aquí todo va más lento. ¿Qué hay que perder? Admiro a la gente mientras espera. Los contemplo. Entre ellos están los *kassaq*: así llaman los yup'ik a «los de fuera». Se nota primero del todo en su color de piel: son los de «los

48 de abajo» —así se conocen los demás estados de EE. UU. En su mayoría son profesores alegres y poco reservados que intentan volver a sus colegios después de las vacaciones. También hay familias jóvenes con bebés y niños intentando mal que bien pasar el tiempo en esta terminal donde no hay nada que hacer. Están finalmente las parejas de ancianos, fieles y sosegados, sus rostros hermoseados por el viento helado y difundiendo una atractiva paz y serenidad. De vez en cuando, pero no mucho, comparten unas observaciones en una lengua que no entiendo.

Contemplarlos me tranquiliza. Ellos saben que todo tendrá solución. Es incómodo no saber qué o cuándo —ni siquiera adónde—, pero qué le vamos a hacer. Esperar es lo que toca y lo que tocará en estos meses en que todo parece que está hibernando, en suspenso: *on hold*. Es llamativo, tal vez significativo, empezar esta misión en una sala de espera. Aquí en Alaska esperaré a menudo: esperaré la luz de la mañana, esperaré a la gente para la misa, esperaré los peces que no pican, esperaré (sí, también) mi retorno a un mundo más acogedor. Sobre todo al principio me asaltará frecuentemente esta última impaciencia. Todavía no me cabe en la cabeza que al final de mis meses pediré prolongar mi estancia… Lo que me será concedido.

Todos en la terminal nos apagamos poco a poco, incluso los niños. El cansancio nos invade. De vez en cuando una llamada por la megafonía nos despierta de nuestra duermevela. Apenas distingo unas palabras: cualquier nombre de pueblo suena insólito y de otro planeta. Pero de repente empiezan a moverse unos cinco o nueve esquimales, dependiendo del tamaño de la avioneta. Acostumbrados, se ponen sus pantalones de nieve y sus botas pesadas. Poco a poco cada uno se hace más gordo, ocultándose dentro de sus abrigos de lana. Las madres ayudan a sus niños, empaquetándolos bien para poder afrontar el frío en el avión y, sobre todo, para poder sobrevivir en el caso de accidentes, que por estas tierras no son tan infrecuentes.

De repente me parece oír la llamada para St. Mary's. Suena como una alucinación después de tantos días esperando. Ya me he acostumbrado a la idea de pasar las mejores horas del día —las pocas horas de luz— encerrado en esta terminal donde va y viene gente —hacia la ciudad, no hacia las avionetas— para después disfrutar en la comunidad de una deliciosa cena frugal, de un juego de mesa cuyo nombre y reglas ya he olvidado y de una cama bien calentita. Solo tengo que llamar al padre Mark, quien me recoge una y otra vez con su gran sonrisa, pero que, supongo, también reza en silencio para ya no verme más cuando me deja en el aeropuerto una y otra vez.

Me pongo mis pantalones de nieve e inmediatamente empiezo a sudar. Lucho con las botas y los crampones. Me pongo el abrigo y de repente todo movimiento se me hace más lento y pesado. Es de noche cuando por fin salimos de la terminal, con prisa para aprovechar un breve instante de visibilidad entre los bancos de niebla. Me muevo despacio sobre el hielo. Subo como puedo a la avioneta y peleo con el cinturón, que no se parece a nada que haya visto en mi vida.

Mientras estoy perdiendo mi lucha con el cinturón, el piloto que no he visto entrar me espeta, sin ocultar su irritación: «No estás en este avión.» ¿Qué? ¿De veras? Estará de broma. Pero no, su cara no tiene ningún rastro de broma a estas horas en que todos preferimos estar calentitos en la cama. Detrás de él entreveo la victoriosa mueca del profesor *kassaq* que ha tomado mi sitio, no quiero saber por qué medios. Es verdad que todos estos días les ha complicado ruidosamente la vida al personal por no poder salir de la terminal. Supongo que ahora lo quieren lejos o que conoce a alguien en un puesto alto. Pero yo, rendido, bajo del avión, recojo mi maleta y llamo al padre Mark para que venga a buscarme. Un nuevo día en Alaska: todavía fuera de lugar y esperando porque no había sitio.

# 3

## AQUÍ ESTOY

> *Cuando estaba en angustia,*
> *tú me hiciste ensanchar.*
> Sal 4,2

Aquí estoy de nuevo, cada vez más y más nervioso porque en los pueblos me están esperando. Ya han pasado cuatro días y de Alaska he visto poco más que las cuatro paredes de la flamante terminal de Bethel. Entonces la hermana Kathy decide reorientar el plan: mejor que vaya directamente a Mountain Village sin pasar por St. Mary's. En Alaska se cambian los planes con facilidad y hay que adaptarse con flexibilidad. La idea inicial era habituarme a la vida yup'ik unos cuantos días en St. Mary's y aprender de las hermanas lo que he de hacer, pero como el tiempo pasa y vistas las previsiones del tiempo es mejor que vuele a mi destino final en cuanto pueda, para garantizar que esté allí por lo menos para la misa del domingo. Desde octubre, cuando murió mi predecesor el padre Ted en un incendio, nadie ha celebrado la eucaristía en Mountain.

Tal vez sea significativo; tal vez se juegue ya todo lo que tengo que saber hacer en esos cuatro días de espera. En todo caso, en esta terminal tan prosaica recuerdo una verdad fundamental. Creo que es la sabia paciencia que emiten los rostros esculpidos de los ancianos que me remite a los momentos más conmovedores del mes de Ejercicios.

En la capilla de la tercera probación me llamaba mucho la atención la frágil llama del sagrario. En las horas más oscuras del día gozaba perdiéndome en aquel hermoso espectáculo de sombras vivas que bailaban en las paredes al ritmo de aquella llama centelleante. Me asombraba el contraste entre su obvia fragilidad y una fiel agilidad que me desarmaba: siempre está allí, viva, aunque no haya nadie que la contemple. Para mí, este símbolo transmite mucho de quien es Dios. Ella —en cuanto representa el corazón que palpita dentro del sagrario— es lo que realmente transforma este lugar en capilla, en lugar habitado por una presencia misteriosa, y el silencio en algo más que una mera falta de ruido. ¡Cuánto anhelo poder llegar a ser enteramente tal fragilidad que es fuerza, viveza, agilidad! Cada destello de Dios es capaz de transformar lo gris de nuestras vidas en un espectáculo hermoso.

Esta experiencia reúne muchos momentos similares de mi vida, sobre todo los vividos en capillas monásticas. Del monasterio benedictino de Mont Fébé en Camerún ya no recuerdo las liturgias pero sí el frío mármol en mi trasero. Era demasiado niño para entender lo que estaba pasando conmigo —y, sin embargo, algo pasó. En la abadía trapense de Westvleteren en Bélgica intenté en mi adolescencia averiguar qué quería hacer con mi vida. Después entré en la Compañía de Jesús en la capilla del noviciado en Brujas, que alberga una llama igual de frágil y ágil. Ya no tenemos esta casa y esta capilla. Pero adonde voy viene conmigo esta experiencia que siento como un abrazo. Como un hilo rojo esboza una frágil, fiel y fulgurante confirmación de la vida que me ha escogido a mí.

En esta terminal es lo único que tengo que hacer: ser y estar. ¡La sempiterna pesadilla de los no-hispanohablantes! Estar presente. Vuelvo día tras día y me alegra reconocer las mismas caras, ya familiares. Me dan la necesaria paciencia para poder esperar, vivir esta breve vida en suspenso, sin poder hacer nada, sin poder ser útil, sin servir para nada. *To be or not to be.* Ser es estar presente, nada más. Necesitaré recordarlo en los próximos meses porque especialmente en medio de familias en duelo no sabré qué decir cuando cualquier palabra parezca deshonrar la memoria del difunto. Aguantaré y me quedaré con ellos en silencio en lugar de escapar —lo que me tentará más de una vez. Esto lo notarán y esto lo agradecerán: que me quedaré con ellos un poco más de tiempo de lo normal. Este «poco más» será lo que les llamará la atención, lo que acogerán como regalo y lo que recordarán.

Aquí en Alaska aprendo a compartir en silencio. Aprendo a compartir silencio y en este silencio empiezo a intuir quién es Dios para nosotros: *Yo soy quien soy. Aquí estoy*: así de sencillo es. Por ahora, es lo único que se me pide: estar aquí. Nada más y nada menos. Estar no es una pregunta: es la respuesta a todas nuestras preguntas.

# 4

## SIN EQUIPAJE

*Soy, más: estoy. Respiro.*
JORGE GUILLÉN

Sin equipaje: así salimos finalmente del pésimo Bethel. La avioneta —un Cessna 207— solo tiene sitio para cinco pasajeros adultos: hemos de abandonar nuestras maletas. Conmigo suben una profesora *kassaq* mayor con cara preocupada, un joven técnico *kassaq* cuya paciencia estos días envidiaba, de tan enfrascado que estaba en su libro, y una joven pareja yup'ik con su niño y su bebé que bautizaré dentro de unos meses en St. Mary's.

Durante una hora sobrevolamos paisajes desoladores como nunca he visto: un juego muy plano y abstracto de blancos y grises sin aparente rastro de vida. El sonido ensordecedor de los motores —en el aeropuerto me han ofrecido tapones de espuma— y la repentina excitación de la salida tan inesperada hacen que me adormile.

Nuestra primera escala es Pilot Station donde baja el técnico que trabajará en los próximos meses en una nueva pista de aterrizaje. ¡Cuán hermoso es acercarse a un pueblo desde el cielo! Las ruedas se posan levemente en una pista que me parece corta, un giro, la apertura de una puerta, otro giro y ya salimos de nuevo. Un cuarto de hora más tarde aterrizamos de nuevo, esta vez solo para dejarme a mí. En poco tiempo, el Cessna despega de nuevo rumbo a St. Mary's. Ahora me quedo solo y sin equipaje en medio de un paisaje desconocido e inhóspito, a merced de lo que ha de venir. Pero también siento alivio por haber llegado finalmente a casa.

※

Respiro hondamente. La pureza del aire fresco me saluda como un viejo cómplice con el cual me vuelvo a encontrar, como una presencia cuya existencia habitualmente no percibo. El silencio me fascina y me sobrecoge. Desde aquí se puede ver muy lejos. La tundra, el río Yukón y algunas montañas: hasta el horizonte no hay más que facetas, sombras y variantes del color blanco. Abajo percibo el pueblo al pie de una pequeña montaña: ¡Mountain Village!

Por fin he llegado a lo que será mi hogar en los próximos meses.

En este momento, cuando la situación me recuerda que no tengo nada que no haya recibido, fallece Johnny Sheppard a unos kilómetros de aquí en el hospital de Bethel. Su viuda MaryAnn será la primera en acogerme como a un hijo en su familia.

❧

Aquí en la nieve, llevando ropa que no es mía, ridículamente solo con un portátil pero sin el cargador —que tontamente sigue en mi equipaje en Bethel—, me siento tan risiblemente fuera de lugar. Es todo un mensaje, supongo: uno no puede prepararse bien para esta experiencia. Hay que llegar sin equipaje, las manos vacías. Pero están tan vacías que Karen, la robusta administradora parroquial de la melena generosa que ha sido avisada de mi llegada por la hermana Kathy, ni siquiera piensa que soy yo a quien espera. Supone que por cualquier razón no he podido subir al avión y no se preocupa en absoluto, porque así de inciertas y cambiantes pueden ser las cosas en Alaska. Felizmente para mí, no se da la vuelta.

Divertida observa desde su camioneta a aquel nuevo profesor *kassaq* que piensa que soy cuando me acerco a las personas que han subido a la pista de aterrizaje a la espera de familiares, víveres o misivas de Bethel. Con mi mejor sonrisa los saludo, convencido de que es el comité de bienvenida. Pero tampoco han venido por mí. Me preguntan cómo fue el viaje. Bien, les digo, no entendiendo. Es que quieren saber si ha sido turbulento, si el tiempo era pésimo. La verdad es que el vuelo ha sido muy tranquilo, el cielo estaba de lo más calmado y el viaje ha pasado sin incidentes. Visiblemente defraudados por lo poco que ha salido del tan esperado avión, se van, abandonándome allí.

# 5

## EL JUEGO

*No te quedes inmóvil al borde del camino.*
MARIO BENEDETTI

El juego de blancos tenues me impresiona mucho mientras Karen me conduce por el pueblo, indicándome de paso los lugares de mayor interés: la iglesia evangélica, el colegio, la oficina de correos, la gasolinera, los generadores y las dos tiendas del pueblo.

La iglesia católica de san Lorenzo a orillas del Yukón es una hermosa construcción en madera como todas las casas de los esquimales. Ha sido construida por ellos mismos y ya es el tercer templo en este lugar, el más grande de todos. Viendo la sencillez del sitio, los bancos de madera y las flores de papel, me siento inmediatamente en casa. ¡Qué bueno es estar aquí!

Karen me muestra los aposentos detrás del presbiterio que ocupó el padre Ted antes de mí. Los encuentro como él los dejó. Tal vez por esto no me cueste sentirme tan pronto en casa, abrazado por una humanidad familiar. La sencilla y acogedora sala de estar servirá para las visitas, las catequesis sacramentales, las reuniones parroquiales y las misas diarias a las cuales acudirán entre una y siete y hasta catorce personas. Este salón tiene el único calentador eléctrico de la casa, lo que implica que tendré que mantener abierta la puerta que da al dormitorio para no congelarme demasiado durante la noche. Además del salón y del dormitorio hay una pequeña oficina donde Karen se dedica a la administración de la parroquia.

Pero de todo esto no he de preocuparme ahora. Es viernes 6 de enero y Karen me dice que hay juegos de Año Nuevo en la Sala de la Comunidad. Aunque estoy cansado quiero conocer a los habitantes del pueblo. ¿Qué mejor, entonces, que unos juegos para conocerlos? Primero debo ponerme la ropa adecuada para afrontar el frío. Me sorprende cuánto tiempo necesita este ritual. El truco es poner capas y capas de ropa que se pueden pelar una tras otra al entrar en un edificio.

※

Salgo y emprendo mi primer paseo por el pueblo. Está totalmente oscuro, pero no significa que sea de noche: son solo las seis de la tarde. El aire sabe fresco, áspero, limpio. Agradezco los crampones, que me dan algo de estabilidad sobre el suelo, que está enteramente cubierto de hielo. Hay pocas calles en el pueblo: no me puedo perder. Tengo que subir y me cuesta. El medio armario de ropa que llevo me incomoda. A ambos lados de la calle paso por casas pequeñas de madera, pero no hay nadie en la calle. Todas las casas parecen similares y como no llevan ni números ni nombres va a ser muy difícil encontrar las que corresponden a las familias que he de visitar. De día veré que cada una tiene su color pero ahora son todas grises. Según las indicaciones de Karen, encuentro fácilmente la que debe de ser la sala comunitaria: alrededor están aparcados docenas de *snowgo* y todoterrenos.

Una vez dentro, el ambiente cargado de sudor me corta el aliento. Está lleno de gente y soy el único *kassaq* (aunque me dirán que este término, un tanto despectivo, no se aplica a mí por ser presbítero, a pesar de mi aspecto). Hay juegos para todas las edades y en cuanto necesitan a un adulto más, me ofrezco. Aunque participar no me sale de forma natural porque suelo preferir la oscuridad de los márgenes, ahora me siento empujado para lanzarme: ¡es ahora o nunca! Si me quedo al borde del camino nunca me conocerán y los meses pasarán sin que sepan que he venido para ellos y que estoy a su disposición. Me gusta pensar que la primera imagen que tendrán de mí no es la del cura predicando sino la del compañero participando en los juegos, al igual que me gusta la imagen que tuvo Karen de mí, la de un *kassaq* perdido. Porque así me siento: perdido.

Me acogen con alegría. Piensan que soy un nuevo profesor. El colegio es la institución más importante del pueblo, la que ofrece más puestos de trabajo. Pero los profesores van y vienen y no suelen mezclarse mucho con la población. Hay felices excepciones, claro. Nos dividen en dos equipos. El juego consiste en correr con un globo entre las piernas y aplastarlo a la llegada. Nos divertimos mucho porque no es tan fácil como parece.

El juego termina y todos recibimos un premio: participar es lo que cuenta más que ganar. ¡Otra honda verdad que he de apuntar! Me ofrecen un par de calcetines de lana que me vendrán muy bien. También regalan *snacks* y bebidas a todos los presentes. Dejo escapar una sonrisa: heme aquí sin equipaje y en poco tiempo me lo dan todo, inmerecido, gratis, solo por estar aquí. Me siento feliz. Me gusta empezar mi estancia en este pueblo jugando.

## 5 EL JUEGO

El hecho de haber participado en el juego ha roto el hielo: algunos se acercan para conversar conmigo. Así conozco a Larry. También Rita se presenta con su hermana Dorothy. Ellas tejerán un hilo dorado durante mi estancia aquí, apareciendo de repente en una esquina, en la iglesia o durante los juegos de baloncesto en el colegio: encuentros fugaces que me hacen sentir en casa en este pueblo. Del mismo modo que el pequeño Owen es capaz de alegrarme solo con ver su gran sonrisa durante mis paseos solitarios por el pueblo.

De repente, la fiesta termina. Familias enteras suben a los todoterrenos y *snowgo* y bajan la colina: un ruido abrupto que lentamente se aleja en el silencio de la noche. Tajante, el aire me golpea la cara. Con cuidado camino a casa, atento a no resbalarme pero lleno de nombres y caras que me han dado la bienvenida. No obstante, mi primer día en Mountain Village no ha terminado aún.

## 6

## EPIFANÍA

> *Ahora necesito más que nunca*
> *mirar al cielo. Ya sin fe y sin nadie,*
> *tras este seco mediodía, alzo los ojos.*
>
> CLAUDIO RODRÍGUEZ

EPIFANÍA SIGNIFICA 'MANIFESTACIÓN' e indica la fiesta de la manifestación del Señor a los Reyes Magos: a las once de la noche, los rusos ortodoxos celebran su Navidad *eslava*. En Mountain Village conviven tres comunidades cristianas de tamaños desiguales: la más pequeña y antigua es la ruso-ortodoxa, la más grande es la católica romana, y la más reciente y creciente es la evangélica de la Alianza (Covenant Church).

Siempre ha habido tensiones entre las dos denominaciones más numerosas en Mountain Village, con notorias batallas de nieve según me cuentan. De esto todavía recogeré los frutos: después de un fallecimiento, algunos de los más convencidos reaccionarán duramente contra todo lo que represento. Felizmente hace poco han llegado al pueblo el pastor Marc y su esposa Elise, cuyos cuidados y entusiasmo mantienen fuerte la presencia cristiana en el pueblo. Nos llevamos bien y organizamos actividades juntos. Una noche Marc me preparará un delicioso bistec de alce que será para mí una revelación y desde entonces mi manera preferida de comer alce, muy distinto del modo yup'ik y que es cocerlo durante horas en forma de sopa.

Cada comunidad cristiana tiene su iglesia de madera. La ruso-ortodoxa es muy pequeña. La encuentro fácilmente subiendo por las calles nevadas, en aquel silencio típico del caminar en la nieve. Me detengo para admirar el asombroso espectáculo que tengo delante. No es muy diferente de las casas de alrededor, pero esta noche está envuelta en misterio como en las *Crónicas de Narnia* o en aquellos cuentos orientales que devoraba cuando era niño, cuentos llenos de perlas mágicas, sabios barbudos y animales que hablan. Se parece a una postal navideña, tal vez por el charco de luz dorada que emana de la puerta abierta: una promesa de calor, luz, comunidad y misterio.

Entro y me presento a Gary, el subdiácono que presidirá el servicio. Rápidamente se llena la pequeña antesala delante del hermoso, sencillo iconostasio. Estamos todos de pie, apretados unos contra otros, dando la bienvenida a este pequeño Dios que desea nacer de nuevo en este lugar y desde aquí ser manifestado al mundo entero. Me siento tan agradecido por poder empezar mi estancia entre los yup'ik con esta celebración, con este misterio insondable. Lo recibo como la corona de un día extraordinario lleno de nuevas impresiones: la salida al aeropuerto antes de la salida del sol, la espera en la terminal de Bethel, la repentina salida, el vuelo bastante agradable, mi llegada abrupta, Karen, el sorprendente juego, y ahora esta celebración en comunidad. No todos los días serán tan movidos como hoy.

El servicio, que incluye la veneración del icono de Navidad, termina con una gran estrella que se hace girar mientras se cantan villancicos. En las próximas semanas la estrella visitará a muchas familias en sus casas como bendición de Año Nuevo. Esta noche es Stanley, el hijo de MaryAnn y de Johnny, quien gira la estrella: pronto me llevará a cazar alces y a descansar en el *maqii* o baño de vapor. Muy poco a poco voy conociendo a gente, coleccionando nombres y rostros que se manifiestan ante mí y que darán sentido a mi vida.

Pasa de la medianoche cuando vuelvo a casa. Voy bajando la colina lo mejor que puedo hacia la iglesia donde resido a orillas del Yukón. Me encanta este paseo por el pueblo dormido. Algo también ha nacido dentro de mí. ¡Cuán bienaventurado soy por poder empezar este año volando, jugando, riendo y celebrando! Los yup'ik no me parecen muy dados a las palabras. Tienen mucho en común con el pueblo de donde vengo: un tanto introvertido y reservado. Con el tiempo ganaré su confianza. Lo importante no es hablar mucho sino estar con ellos y compartir lo que sea, lo que venga. Al fin y al cabo es invierno: la naturaleza está hibernando, esperando la primavera que llegará a su tiempo. La semilla crece y madura en la jugosa oscuridad del silencio. Aprenderé de los yup'ik, de su increíble paciencia, de su respetuoso manejo de la naturaleza, de sus alegrías sencillas, de su humor que desarma y de sus rostros que son como epifanías.

Subo las escaleras de la iglesia y, guiado por la febril luz lunar, atravieso el santuario oscuro. Cierro la puerta de mis aposentos.

Acabo de celebrar mi primera tarde en Mountain Village y me preparo para pasar mi primera noche. Estoy feliz.

# 7

## EL SOL

*Los cielos proclaman la gloria de Dios...*
*el día al día pasa el mensaje,*
*la noche a la noche se lo susurra,*
*sin hablar y sin palabras.*
Sal 19,2-4

El sol no se levanta antes de las once, por lo cual me cuesta despertarme. Felizmente el pueblo parece tomarse su tiempo también, dejándome tranquilo. ¡Cuánto agradezco una mañana tranquila! Se llena la casa de olor a café mientras pruebo, con bravura, el agua de la ducha.

Lo bueno es que el amanecer —como casi todo aquí— lleva su tiempo. Unos rojos tímidos aparecen en el horizonte. Con paso lento conquistan el paisaje mientras despliegan con orgullo unos naranjas y amarillos espectaculares que me mantienen pasmado. Disfruto mucho del silencio. Mi oración esta mañana se desenvuelve naturalmente al ritmo del alba.

Cómodo en el sofá, frente a la ventana donde el mundo amanece como si fuera el primerísimo día de la creación, ordeno mis ideas para la misa de domingo. Me toca hablar de los Reyes Magos. Aunque haya venido de Oriente, no me siento ni rey ni mago, pero sí llamado a encontrarme aquí con mi pequeño Rey y a adorarlo en la cultura yup'ik. Quiero arrodillarme ante los esquimales que he venido a amar y servir.

Me viene a la mente la imagen de aquellas pinturas donde el más anciano de los Magos se arrodilla delante del niño y recibe su bendición. Siempre me ha atraído este contraste del anciano y del bebé. ¡Cuánto anhelo la sencillez de aquel anciano, su hermosa humildad y agilidad para poder arrodillarse, a pesar de su atuendo de oro y diamantes, su dignidad real, su fama, su renombre, su sabiduría, su experiencia, su oficio, su mérito… ante la desnudez del niño en pañales, tan vulnerable, tan necesitado, tan dependiente de los cuidados de su madre! ¿Podré yo despojarme de todo lo recibido para arrodillarme ante cualquier vulnerable en mi camino? Desde hace tiempo me atrae la particular luz que encuentro en ello.

Por esto me quedó grabada una particular escena de la serie *The Crown*, sobre la joven reina Isabel II de Inglaterra, un drama tan bien hecho que parece ficción. Me encanta el título: no se trata de una persona, sino de una *misión*, un poco como la idea del Reino en el evangelio. La corona, o el Reino, indica valores que integran, no separan. Alrededor de esta corona se despliegan unas parábolas sobre cómo la gente se relaciona con ella. Está aquel que recibe la corona pero la rehúsa a favor de un amor no decoroso. Está aquella que ansía la corona, y por cierto tiempo juega con ella, pero su peso se le sube a la cabeza y se hunde en el intento. Está aquella que recibe la corona pero se siente demasiado joven, vulnerable y sin experiencia. Aprenderá cómo llevarla sin ser aplastada bajo su peso. Muchos, como moscas sin corona, no cesan de zumbar alrededor con sus dudosos consejos sobre cómo llevarla.

Finalmente está aquel que se ha casado con la coronada y se incomoda por estar siempre a su sombra: se resiste a arrodillarse ante ella, aunque lo exija el protocolo de la coronación. Le pregunta: «¿Eres mi esposa o mi reina?» A lo cual responde Isabel: «Ambas soy, y un hombre fuerte sería capaz de arrodillarse ante ambas.» ¡Cuánta verdad hay en esas pocas palabras!

No son debilidad y falta de carácter lo que hacen que aquel rey anciano se arrodille ante el niño, sino todo lo contrario. Es la particular fuerza de los verdaderamente humildes, la única fuerza capaz de romper la más sólida coraza que sigue manteniendo a muchos encerrados en sí mismos.

※

Por fin sale el sol: rompe las tinieblas con rayos que parecen espadas. Todo se ilumina y se vuelve dorado. *Sin palabras.*

# 8

## SIMON

> *Los niños y los ancianos
> son religiosos por naturaleza.*
>
> JAIME TATAY

Simon es uno de los pocos ancianos en el pueblo. Ser anciano aquí es toda una institución: significa estar dotado de una particular sabiduría. El anciano es el garante de los valores yup'ik. Es respetado por encima de todo. Todo el pueblo intuye que los tiempos están cambiando y nadie sabe adónde va el futuro. Tanto los valores cristianos como los tradicionales se desvanecen en favor de una esclavitud moderna: la adicción, que atrapa tanto a los jóvenes como a los menos jóvenes. En medio de este mar enloquecido, los ancianos siguen siendo los escasos faros que frágil y desesperadamente lanzan su imprescindible luz sobre las feroces olas de un mundo delirante. A pesar de perder un poco la cabeza, Simon sigue siendo uno de esos faros. No habla inglés, solo yup'ik. Me desconcierta ya en mi primera misa en el pueblo.

Es domingo, son las nueve de la mañana y es de noche. Salgo fuera; me atrapa el frío. Al pie del rústico campanario de madera se hunden en la nieve los cuernos gigantescos de un alce. Las casas circundantes están desiertas; me miran con ojos grandes, negros, vacíos. Un perro ladra en la distancia. La noche tiene algo de asombroso y espeluznante. Intento hacer sonar la campana para llamar a la gente a la misa pero el único ruido que consigo producir suena más a una vaca resfriada que a la alegre convocatoria que tengo en mente. Si logro despertar a alguien es a mi vecino evangélico Brady, a quien no le importa en absoluto la misa y a quien pertenecen los impresionantes cuernos medio hundidos en la nieve. Un día me los regala en una ola de generosidad aunque podría venderlos por 200 dólares.

El viento helado mordisquea mis mejillas y mis dedos y tiemblo; subo las escaleras y vuelvo adentro. Enciendo la calefacción en la iglesia y anuncio por el transistor de radio que habrá eucaristía a las diez. A ver quién acude. Por la radio se pueden oír mensajes de todo tipo: por la mañana, la gente se suelen saludar entre ellos y también entre los pueblos. Muchos adolescentes juegan con la radio y ponen música. También hay una parroquiana evangélica que por este medio ofrece cada día una oración. Por la radio se anuncian actividades que tienen lugar en el pueblo o también cualquier llegada o salida de avión.

Me revisto para la misa y me siento nervioso por mi primera misa en este pueblo, en inglés pero con algunos cantos en yup'ik, como el *Atamta* o padrenuestro. Para los cantos, siempre puedo contar con el diácono Elmer y con Marta, la voz más segura de toda la asamblea.

Mi primer error consiste en saludar a la asamblea con una palabra que me quedó de mis días de espera en Bethel: *Camai* (la *c* se pronuncia como *tch*). Me sorprende que no haya reacción alguna. Ahora pienso que hubiera podido aprovechar mejor todos esos días esperando en la terminal, charlando con la gente. Pero todavía tengo que aprender que mucho pasa entre los yup'ik en silencio. Necesitamos tiempo para domesticarnos, diría el zorro del *Principito*. Solo después de la misa una mujer se me acerca diciéndome que *camai* es el saludo a orillas del Kuskokwim; aquí el saludo es *Waqaa*.

Apenas avanzada la homilía, Simon se levanta y toma la palabra. Digno y con voz pausada arranca un discurso en yup'ik que me parece interminable. La asamblea lo sigue con respetuosa paciencia y con un interés que no observé mientras hablaba yo.

¿Qué está diciendo? Y ese tono de voz, ¿estará enfadado? No sé muy bien qué hacer. Indefenso, busco ayuda en el diácono. Pero Elmer está escuchando, imperturbable y también digno. Tal vez a los ancianos hay que dejarlos hablar cuando se dignan a tomar la palabra. Tal vez es un oráculo que regala a la comunidad cada domingo. Es cierto que nadie da señales de sorpresa o de impaciencia. Simon tampoco tiene prisa. Tener prisa no forma parte del vocabulario yup'ik. Todavía debo deshacerme de mis modalidades occidentales y aprender que el tiempo no existe en Alaska. Siempre hay tiempo de sobra para lo esencial, que ahora se reduce a estar atento a Simon. Es lo que toca.

Cuando toma aliento aprovecho el hueco para seguir con lo mío. Es que yo no había terminado con mi homilía. Qué le vamos a hacer, Simon tampoco ha terminado con la suya. Seguimos un poco este *ping-pong* pero después de otro intento fallido me rindo y me siento. Allí se desvanece el «manifiesto» que tanto había preparado para mi estancia entre los yup'ik. Hasta estas palabras tengo que entregar: tengo que llegar con las manos vacías. He venido para servirlos; ellos no están aquí para mí. Como los Magos ante el niño, he de arrodillarme ante Simon.

En su discurso vuelve una y otra vez una palabra que reconozco: *quyana*, gracias. Entonces su discurso no puede ser totalmente subversivo. ¿Me estará dando la bienvenida, agradeciéndome que haya venido? Pero tampoco es esto. Elmer me instruye: Simon está viendo a personas muertas, aquí mismo en la iglesia. Lo persiguen. La razón es que entre la iglesia y su casa hay unas tumbas que han quedado sin bendecir. Solamente dice *quyana* por agradecer la atención de escucharlo.

❧

Además de diácono, Elmer es también profesor de yup'ik en el colegio. Una tarde me invita a una de sus clases. Con los niños aprendo sobre la extensa terminología meteorológica. Recuerdo sobre todo una palabra: *umta*, neblina.

❧

Después de la misa, acompaño a Simon a su casa, donde su hijo Anthony cuida de él. Con agua bendita, bendigo la casa y a sus habitantes. No entiendo ni una palabra de lo que me cuenta Simon. A petición de su hijo, le administro la unción de los enfermos. Tengo un poco oxidados mis talentos de exorcista, por lo cual no sé qué más hacer. Pero está claro que he entrado en un mundo de espíritus y misterios irresueltos.

Ya mis compañeros jesuitas en Bethel me habían contado historias increíbles, como la del organista fantasma que empezó a tocar el órgano a medianoche hasta enloquecer al cura. Eso suena ridículo hasta que uno entra en una iglesia lúgubre con ruidos que no siempre se identifican fácilmente. Entonces no me sorprende que un presbítero indio hubiera rehusado pasar la noche con los muertos como es la costumbre aquí: será otro desafío para mí que no tardará en llegar.

Tengo que hacerme a la idea. Aunque no creo en los espectros, es cierto que ganan enorme plausibilidad al caer la noche y sobre todo cuando las tinieblas se deslizan por la iglesia que he de atravesar para alcanzar mis aposentos, pasando por el ataúd abierto de un difunto e intentando no fijarme demasiado en su rostro para ver si se han abierto su boca o sus ojos. Es entonces cuando los pasos pesados de los cuervos sobre el techo logran un talante espeluznante. Si pudiera cerrar doblemente mi puerta lo haría. Aquellas noches en las que tengo un difunto al otro lado de la pared, suplico en mi interior que nadie toque la puerta. Intento entonces en vano no estar demasiado atento a ningún ruido raro pero logro justo el efecto contrario, como cuando te mandan relajarte o no estar atento a la respiración. Un día unos niños maliciosos tocan en un mal momento la puerta lateral, precisamente la que da al lugar de las tumbas no bendecidas: cuando voy a abrir la puerta no veo a nadie.

Aunque Simon sufra dolores insoportables en las rodillas, nada le impide ir a misa. Se tambalea pero agarrado a sus muletas conquista los escalones y llega a menudo el primero a la iglesia. Creo que el Señor le está preparando su bienvenida, su definitivo *waqaa*. Pero lo veo muy inquieto. En el umbral entre ambos mundos está viviendo ataques de pánico agonizantes, para los cuales soy de poca ayuda.

Estando allí en casa con Simon y Anthony, solo puedo confiar en que Dios esté en medio de nosotros, que lo tranquilice y que le quite esos miedos y angustias. Sin equipaje y con las manos vacías, es poco lo que hago: como *agayulirta* —sacerdote, literalmente 'aquel que reza'— solo puedo ofrecerle el *waqaa* o la buena noticia de Agayun —Dios, 'aquel a quien se reza'.

# 9

## EL ZORRO

> *Dios es silencio,*
> *y en silencio es glorificado.*
> ABRAHÁN DE NATPHAR

El zorro es uno de los primeros seres vivos que encuentro en la montaña. En los primeros días después de mi llegada, no me es fácil encontrar a la gente. No puedo simplemente llamar a sus puertas diciendo: aquí estoy. No me resulta fácil, pero lo hago, primero con mis vecinos. Creo importante hacerles saber que estoy aquí y mostrarme disponible para cualquier cosa en la cual pueda ayudarlos. Por esto paseo mucho por el pueblo, para que por lo menos vean que de nuevo vive un sacerdote aquí.

Quiero tener una idea de dónde estoy. Desde la montaña tendré una vista mejor sobre el pueblo y sus alrededores. Dejo atrás las casas y subo a pie. Paso por un hermoso pasillo formado por ramas brillantes, delicadamente revestidas de hielo, llenas de perlas que cintilan al sol de la tarde. Disfruto del silencio y del sordo sonido de mis pasos en la nieve. Me agota un poco la subida, más de lo que quiero admitir. Al final del túnel se abre un mundo desconocido. ¡Qué hermoso! Campos enteros de nieve, en los cuales se dibujan pequeñas huellas de conejos.

❧

En el silencio asombroso que ciertamente echaré de menos, me quedo atónito al ver nieve esculpida por el viento en miniaturas aerodinámicas que harían sonrojar de celos a genios de la arquitectura, como Foster, Hadid o Calatrava. He aquí un frágil techo translúciente soportado por unas briznas ligeras, ¡como si fuera un palacio de elfos!

En la cima, ¡cuán lejos se puede ver! Con la vista sigo el recorrido del Yukón hacia el este para ver si percibo Pitka's Point, St. Mary's y Pilot Station. Al otro lado, la impresionante montaña de Kusilvak se erige en el noble guardián de esas tierras. Un viejo volcán, Flat Top, indica el camino hacia Emmonak y el mar de Bering. Lleno mis pulmones de silencio, de este hermoso amable silencio que hay aquí en abundancia.

❧

Desde mi mirador, contemplo a los niños que salen del colegio y bajan a sus casas. Algunos se quedan jugando. Detrás del colegio hay unas pistas de hielo que claman para que los niños se deslicen por allí. Veo el tráfico continuo de unas *snowgo* bajando a la tienda o a la gasolinera; alguno atraviesa el río. Desde aquí, todos se parecen a hormigas. Me da mucha paz contemplar esta vida. De repente, sobresaltado, me doy cuenta de que es exactamente la escena que me vino a la mente hace tiempo, en el noviciado, cuando todavía no podía entenderla: junto a un pastor con su perro, estaba mirando un pueblo parecido en un valle nevado, cuando me dice el pastor: «Ven, bajemos.»

Veo los barcos vacíos que la ribera coleccionó antes de quedar atrapados en el hielo: centinelas leales que esperan a que se rompa el hielo y comience otra temporada de pesca. Pero yo no veré aquel milagroso cambio del mundo; no puedo imaginar hierba debajo de tanto hielo. Todavía es invierno; el mundo retiene su aliento. Lejos de aquí, terroristas hacen estallar un mundo. Al sur, el presidente Trump empieza a dominar el mundo. Parece mentira: es un drama tan bien hecho que parece ficción. Pero aquí, en el imponente, milagroso silencio de la colina, miro los pequeños Cessna girando y aterrizando antes de despegar de nuevo y desaparecer en el horizonte. El sol está bajando. Debo volver para la misa.

※

Mientras disfruto de la vista, sentado en la nieve, oigo pasos furtivos detrás de mí. Me entra pánico. ¿No me advirtieron que hay osos en esta montaña? ¿Y que están muy hambrientos y son muy peligrosos al despertar después de la hibernación? No veo nada pero un escalofrío me recuerda que es hora de bajar.

Me espera en el camino un zorro. Me sorprende que no tenga miedo; se acerca incluso a verme. Soy yo el que tiene miedo, porque no sé si esos animales muerden y qué enfermedades puedo contraer. Ahora se sienta frente a mí como el más manso de los perros y su hermoso pelaje descuella en la nieve. Me mira con ojos expectantes, casi tiernos. Nunca se ha acercado tanto a mí la naturaleza ni jamás será tan confiada como con este zorrito naranja. Pero como un mordisco de zorro no me apetece nada a cientos de kilómetros del hospital más cercano, el que mantiene la distancia soy yo. Me fascina su absoluta confianza, que recibo como un regalo del cielo a principios de mi estancia aquí. Intento grabarlo con mi móvil, pero se me congelan los dedos.

Me siento el principito que debe ser domesticado por la madre naturaleza: por medio de este zorro me da la bienvenida a estas tierras con su *waqaa* naranjado. ¡Qué bueno es estar aquí! Muchas veces subiré a esta montaña para estar solo, para meditar y también —lo admito ahora— para encontrarme con mi zorro cándido. Todos los demás zorros se alejarán con prisa y con miedo, pero a mi zorro nunca más lo volveré a ver.

## 10

## CONTEMPLO

*Llevamos este tesoro en recipientes
de barro para que aparezca
que una fuerza tan extraordinaria
es de Dios.*

2Cor 4,7

Contemplo a los sepultureros en la colina: siluetas tristes entre las pálidas cruces del cementerio, como si actuasen en una antigua película rusa. Solo podremos celebrar el funeral cuando esas sombras flemáticas terminen su ingrata labor. Decido ayudarlos. Subir la colina caminando sobre la nieve ya me cansa, y cuando llego a la tumba de Johnny, logro a duras penas desplazar unas piedrecitas en aquella tierra congelada. Mientras se excava la tumba, otras manos se juntan para trabajar la madera, transformándola hábilmente en ataúd y cruz. En el banquete, las primeras bocas servidas serán siempre las que corresponden a esas manos.

En este mundo tan inhóspito, admiro la enorme paciencia y perseverancia de los yup'ik. Trabajan y se callan, y poco a poco cede la roca más recalcitrante. Los yup'ik aprenden y transmiten de generación en generación cómo escuchar a la naturaleza para no ir a contracorriente como lo hace el resto del mundo solo por tener dinero, poder o mal gusto. Cada vez que mi *snowgo* no arranca ni consigo arrancarla, alguien viene en mi ayuda. Siempre hay una solución y siempre hay tiempo para todo. Los planes pueden cambiar y seguro que cambiarán, pero no pasa nada. Esto es la sabiduría del *weather permitting*: si uno no puede salir hoy por causa del clima, lo hará mañana o pasado mañana.

❦

Daisy, la hija de Simon, me invita esta noche a bendecir el banquete funerario del aniversario de su madre. Antes de mi llegada, Josephine había sido uno de los pilares de la parroquia, sobre todo como lectora y ministra de la eucaristía. Esta invitación será la primera de muchas invitaciones a banquetes que formarán un hilo rojo en mi estancia y trazarán un mapa por el pueblo con sus pocas familias entrelazadas.

En cada casa, se supone que debo empapar toda bandeja en agua bendita: cada vez me sorprende la (no tan) casi supersticiosa insistencia con la cual, sobre todo los mayores, se empeñan en que ningún plato quede libre del precioso líquido con sus efectos especiales. Cuatro meses no serán suficientes para reorientar la atención de una espiritualidad mágica hacia una relación de amistad con Dios. En cualquier caso, es allí en sus casas donde me enseñan la vida yup'ik. Es allí también donde ganaré su confianza. Es sobre todo gracias al padre Ted, mi difunto predecesor, que todas estas puertas se abren para mí.

Una cosa tal vez sorprendente pero entendible es que esos banquetes no los disfruten todos juntos sino en grupos de siete u ocho, los que caben alrededor de la mesa. Al terminar, intuyo sin que tengan que decírmelo que debo irme porque las casas son muy pequeñas y todavía quedan muchas personas por llegar.

※

Michael, el marido de Daisy, me viene a buscar en *snowgo*. Su casa se sitúa al otro lado del pueblo, donde se encuentran la oficina de la administración del colegio y la iglesia evangélica. En su casa saboreo por primera vez alce, con su aroma tan salvaje y especial, ahora en su forma cocida, blanda y sosa; foca, una carne tan negra que parece quemada; y ballena, una rara exquisitez. También hay sopas de todo tipo, arroz y ensaladas frías tanto de patatas como de macarrones.

También disfruto de un postre hecho de pescado que se llama *akutaq* (pronunciado *agudak*) y que no debería, si está bien hecho, saber a pescado ni contener espinas. Es trabajoso hacer *akutaq*: durante horas las mujeres pulverizan la carne blanca del pescado entre sus dedos, sacando todas las espinas hasta quedarse con una masa lisa y blanca a la cual añaden grasa de la marca Crisco —una alternativa a la mantequilla y al aceite, más barata, aunque me pregunto si más sana— y sobre todo bayas silvestres negras o naranjas que revientan deliciosamente al comer.

ॐ

Por la radio, se invita a todo el pueblo a tales banquetes funerarios, que se suelen celebrar el mismo día del funeral, cuarenta días después —una costumbre ruso-ortodoxa que todos han adoptado— y cada aniversario, por lo cual esos banquetes marcan mucho la vida social yup'ik, porque en cualquier momento cada familia tiene algún difunto que celebrar.

Las familias se ayudan entre ellas, ofreciéndose regalos sencillos y útiles, como guantes o utensilios para la caza o la pesca. Una cosa me queda clara: ya que solo estaré con ellos durante un invierno, no podré ver cómo se desarrolla la vida normalmente, con los barcos que salen a la pesca. Ahora toda la vida está en suspenso, hibernando, dedicándose a la memoria de los muertos. Como *agayulirta* iré de banquete en banquete: si es cierto —como dicen aquí— que los difuntos son capaces de perseguirnos, su obra más amable conmigo es ponerme en contacto con los vivos.

## 11

## EL PAN

*El pan se amasa con la mano; largo tiempo.*
*Las cosas no se amasan sin dolor.*

LEONARDO BOFF

El pan, como cualquier cosa aquí, baja del cielo. Lo traen las avionetas, por lo cual resulta carísimo comer pan. Afortunadamente, uno de los pequeños tesoros que he traído desde Portland es un pequeño bote de levadura. Ahora necesito harina. Como ritual matutino, me pongo mi abrigo y salgo a la tienda, a unos metros de la iglesia. Es un verdadero punto de encuentro del pueblo: siempre hay unos todoterrenos aparcados de gente que ha bajado a por unas chucherías para dulcificar su vida. A veces me encuentro con Velvet, la esposa del mánager. Me habla de sus hijos y le compro harina por dieciocho dólares.

❧

De vuelta a mi casa, disfruto poniendo las manos en la masa y sintiendo por la yema de los dedos cómo agua, levadura, harina y un poco de sal se transustancian en pan. Echo miel —un auténtico lujo— y un poco de avena, que milagrosamente cambiará totalmente de textura y hará el pan más rico y grueso. Mientras preparo mi homilía en el diván contemplo como la masa crece en el calor del primer rayo de la mañana. Pronto es a pan que huele la casa, haciéndome la boca agua.

Este pan es un auténtico milagro, porque es capaz de desplazarme a mi casa paterna con un simple trocito de queso comprado en la misma tienda y que disfruto con cuidada parsimonia. Cuando uno tiene poco, lo más básico se vuelve fiesta. Es una pequeña maravilla que disfruto como si fuera la primera y la última vez. Dondequiera que esté, un poco de pan con queso siempre será la milagrosa llave que me abra el paraíso y me haga recordar mi mejor juventud.

Con esmero saboreo este placer sensorial a bocados lentos, epicúreos; me vienen a la mente las suntuosas escenas en las que el séptimo arte ha homenajeado el comer, como el repentino silencio de los comensales cuando prueban la sopa de tortuga en la imperecedera *El festín de Babette* (1987) o el banquete de mariscos que se imagina el paralizado Jean-Dominique

Bauby —un memorable Mathieu Amalric— en *Le scaphandre et le papillon* (2007). Nunca antes había vinculado un banquete de mariscos a algo sensual.

※

Descubro que aquí en Alaska todo va más lento, tal vez porque es invierno. Por la mañana tengo mucho tiempo para pensar, rezar, leer y escribir. El sol todavía no sube mucho. Se mantiene alejado, al margen de todo, como un gato desentendido y sin responsabilidades. Pronto bajará y desaparecerá en mi ventana, a pocos metros de donde salió, entregando el mundo al reino de las tinieblas como si no necesitara de su luz vital. Pero la vida en el pueblo no decae con la noche. Hasta muy tarde se pueden escuchar los sofocados pero fastidiosos *duf duf duf* de las *snowgo* que bajan por la colina hacia la tienda en búsqueda de una brizna de felicidad. Este ruido es el único que rompe el asombroso silencio de la noche.

## 12

### NORLITA

*Donde están dos o tres reunidos en mi nombre,
allí estoy yo en medio de ellos.*

Mt 18,20

Norlita es la parroquiana más fiel a la misa diaria. Tal vez es la más sorda también, pero no importa. Muchas misas las compartimos solo ella y yo en el salón que por la mañana huele a pan. Es tan fiel que la echo de menos cuando alguna rara vez no puede acudir y me quedo solo. Todo cambia cuando la oigo entrar por la puerta de la iglesia y golpear la nieve de sus botas antes de atravesar el santuario para llamar a la puerta: un ritual que siempre se quedará grabado en mis oídos con un sonido capaz de hacerme feliz.

En vez de casulla, llevo un *qaspeq* (el traje tradicional yup'ik que utilizan para las fiestas y los bailes) en el color litúrgico que toca. Me encanta el rojo, intenso y pasional, bordado con una paloma enfrente. Sentados en una simple mesa pequeña que para la ocasión lleva una vela y unas flores de papel, nos aventuramos en los recovecos de la Palabra de Dios igual que cuando buscamos los alces entre los arbustos. En efecto, es toda una aventura, porque cuando le indico: «Estamos en la página ocho», de manera que pueda seguir en su libro, me responde sin parpadear: «Y con tu espíritu», y debo contener la risa para seguir con la misa. Poco sentido tiene entonces una homilía, por lo cual rezamos simplemente por las familias que más dificultades tienen.

Después partimos el pan como antaño y, así, nos dejamos injertar en la larga lista de cristianos que se reunieron a través de los tiempos y en cualquier parte de la tierra para hacer exactamente esto, en memoria de Aquel que dio su vida por sus amigos. Es entonces cuando me sobrecoge el hecho de poder con-celebrar estos sagrados misterios. Estoy tan agradecido de poder hacerlo aquí con ella. Es entonces cuando la cercanía del Señor se hace más palpable y disfruto guardando silencio durante un largo rato, dejando que los rayos del atardecer atraviesen el salón. Me conmociona tener entre mis manos su Cuerpo entregado por este pueblo en los confines del mundo. Es una misa sencilla, como a mí más me gusta.

Aunque no tengo la menor idea de lo que Norlita pueda oír de la misa, también a ella la conforta visiblemente compartir este momento tan especial. Alguna vez me viene a ver por la mañana para comentar una duda o pedir un consejo. La consuelo lo mejor que puedo. Después de la misa me da sencilla pero seriamente las gracias: *quyana caqnek* ('muchas gracias'). Me asegura con insistencia lo importante que es tener a un cura en el pueblo, porque ya solo su presencia es una señal que ayuda a vivir honradamente y a no sentirse abandonados por Dios ni por nadie.

## 13

## MARYANN

> *Si amas algo, déjalo libre.*
> *Si regresa, es tuyo.*
> *Si no, nunca lo fue.*
> CONFUCIO

MaryAnn es la viuda de Johnny *Cunitcuar* Sheppard. Me llaman para organizar el funeral, o por lo menos eso es lo que entiendo, porque el funeral tendrá lugar en nuestra iglesia. Es el primero que me toca, así que busco en la sacristía los libros adecuados porque no tengo tanta experiencia de funerales y, por cierto, ninguno en inglés. Vagamente me indican la casa de los Sheppard, en la curva de la calle que sube a la montaña. Subo a la casa y piso el umbral sin saber que desde entonces aquella puerta estará siempre abierta para mí.

MaryAnn me adoptará como a un hijo. En este hogar siempre encontraré acogida y comida cuando necesite estar en familia. Cada domingo le traeré la comunión. Me ofrecerá unas deliciosas tiras de salmón ahumado que además de sabrosas también calientan el cuerpo. A menudo encontraré a MaryAnn sentada en su sillón, amasando el pan, bordando algo o mirando la televisión. Pero tantas otras veces no estará, pasando sus días en el hospital en Bethel por agudos dolores de pecho.

Hoy la familia en duelo me acoge con los brazos abiertos. Theresa, la hija mayor que ha venido desde Fairbanks, me introduce en muchas costumbres yup'ik para que me sienta en casa. En el suelo, donde suele estar el sillón de MaryAnn, está expuesto su difunto marido entre velas y flores de papel, lavado y vestido. Durante tres días, el pueblo vendrá a darles el pésame. Rezo un padrenuestro con la familia. Ahora me entero de que, aunque MaryAnn es católica, Johnny era ortodoxo y el funeral entonces será también ortodoxo. Pero lo celebrarán en la iglesia católica porque es más grande. Así que no hace falta preparar el funeral; pero les agrada que yo haya venido a visitarlos en este tiempo de prueba.

Durante nuestro tiempo juntos, hay un malentendido divertido. Mientras alguien me sugiere que le dé una bendición a MaryAnn, otra persona llama a Kay, su nieta, para que esta le frote las piernas. Esto provoca un cortocircuito en la mente de Alice, que piensa que seré yo quien caliente las piernas de MaryAnn a

Iglesia católica de San Lorenzo, Mountain Village

El zorro en la colina encima de Mountain Village

Leon recoge sus redes

Mountain Village a orillas del Yukón

Pauline y la pesca en hielo

¡Tengo suerte!

Baile yup'ik o *yuraq* durante *potlatch*

El entierro de Justin

modo de insólita bendición. Todos empezamos a reír a carcajadas y se rompe el hielo. Estos malentendidos divertidos, explica Stanley, son debidos a que Alice es mi *nulaicungaq* (prima burlona) y yo soy su *uicungaq* (primo burlón). Solo más tarde lo entenderé desde la creencia de que nuestros antepasados siguen viviendo en nosotros: de alguna manera, Alice y yo somos portadores de espíritus conectados.

※

En esta sala de estar, a los cuarenta días de la muerte de Johnny, la familia ofrecerá un banquete. Me sobrecargarán de regalos, mostrando un afecto y una gratitud que no merezco: dos *qaspeq* caseros, un *manaq* (un palo de madera con un anzuelo para pescar) igualmente hecho por ellos mismos, una luz eléctrica para ir de *manaqing* (pescar en hielo), calcetines, guantes, una toalla y jabón para el *maqii* (el baño de vapor), una bolsa de carne de alce congelada y otra bolsa de tiras de salmón porque saben que me encantan. Pues con todo esto, me siento listo para ir a pescar. No obstante, esto tiene que esperar porque me llaman a St. Mary's para celebrar nueve bautizos y conocer un nuevo pueblo y una nueva parroquia.

## 14

### EN CASA

> *Al amanecer,*
> *cuando la dureza del día es aún extraña,*
> *vuelvo a encontrarte en la precisa línea*
> *desde la que la noche retrocede.*
>
> JOSÉ ÁNGEL VALENTE

En casa de Norby y Anna en St. Mary's pruebo la carne más rica que comeré en Alaska: castor. Es la casa donde tendré un hogar durante mis estancias en este pueblo a orillas del Andreafski. La primera vez que voy me llevan en coche. Celebramos el 25 aniversario de bodas de Gerrie y Mel, el hijo de Moses Paukan, a quien acompañaré hasta la muerte. Ya está muy enfermo. También administro nueve bautismos y escucho unas primeras confesiones de niños que se preparan a la primera comunión. ¡Es tal vez el fin de semana más sacramental de mi vida!

Aquí en St. Mary's también disfruto de las pequeñas asambleas en las misas diarias, donde se crea una atmósfera muy acogedora y muy familiar. También aquí tengo unos aposentos cómodos pegados a la pequeña iglesia e igualmente tengo unos hogares donde me siento en casa. ¡Hasta encuentro un piano en la iglesia! Además está afinado.

No obstante, la casa tiene algunos problemas que no encuentro en Mountain: una mañana no hay agua, por lo cual no puedo ducharme ni hacer café ni lavar los platos. Los tubos se han congelado. Otro día se estropea el baño, obligándome a hacer mis necesidades en pijama y botas afuera bajo un cielo hermosamente estrellado. Otra noche se corta la electricidad en todo el pueblo. Como mi calefacción es eléctrica, al contrario de las chimeneas de leña que usan los yup'ik, el efecto se hace notar muy rápido. En un cajón encuentro unas velas y veo que mis vecinos han pensado lo mismo: por todas partes admiro el hermoso efecto de las llamas que bailan en las casas. Felizmente, siempre puedo contar con Norby y Pat para salvarme de las penurias.

Norby y su hijo Billy me muestran el camino de regreso a Mountain Village por el río. Es la primera vez que subo a una *snowgo* y no es tan fácil como parece. Primero de todo, nos cuesta a Norby y a mí arrancarla después de un año de estar parada. Peor aún, los esquís están tan estropeados que no logro girarla, siendo apenas capaz de esquivar los obstáculos que aparecen en el camino. Al mismo tiempo, no me siento nada cómodo envuelto en tanto abrigo que me priva de toda movilidad, con la máscara de neopreno que me aprieta y con los anteojos que solo me dejan ver de frente y que además se me condensan.

Pensaba que el viaje sería más suave, pero la superficie del hielo tiene muchos baches y montones de nieve que hacen que saltemos todo el tiempo. Además, el viento helado atraviesa toda la ropa sudada que llevo. Sigo la *snowgo* de Norby lo mejor que puedo, intentando a la vez recordar el camino porque la próxima vez me tocará ir solo pero en la otra dirección.

Nunca he estado en un río congelado. Hoy se mezclan en mí algo de pánico, de asombro y de espanto. Norby me va indicando las zonas en el hielo que tendré que evitar a toda costa porque el hielo podría no ser lo suficientemente sólido.

El recorrido de unos veinticinco kilómetros se suele hacer en cincuenta minutos. En medio del camino, Norby se detiene. Paramos los motores, limpio mis anteojos y por fin puedo ver el paisaje: ¡qué maravilla! No hay palabras para aquello. Después del viaje agitado y el ruido ensordecedor de las *snowgo*, el silencio me asombra. ¡Cuánto me gustaría recoger y llevar conmigo algo de esta serena, blanca amplitud que nos envuelve!

Entretanto en Mountain Village un joven de diecinueve años ha sido encontrado muerto, congelado. Dejo mis cosas en la iglesia y subo a la casa de su padre Fred. Llamo a la puerta y desde la mesa me miran diez ojos tristes. En una cama duermen tres niños, ajenos a la televisión que llena este momento hogareño de superficialidades burlescas. Fred me ofrece un zumo y me cuenta que perdió un ojo cuando se le cayó un blanqueador. Tenemos la misma edad. Su hija pequeña está jugando con una pelota. En la otra cama de la estancia está sentada, en silencio, su esposa con un bebé.

Fred me cuenta que su hijo, que era el mayor, acaba de ser padre de una niña antes de que lo encontraran muerto. Es ortodoxo, pero me pide que le dé una bendición a su hijo. La piel del muerto, muy oscura, se siente seca y rugosa bajo mis manos. No encuentro las palabras adecuadas. Me piden que vuelva con una vela. El funeral se celebrará en la iglesia ortodoxa de Pilot Station. Rezamos un padrenuestro y salgo en la noche.

Ha empezado a nevar: el contraste entre esta delicada hermosura y la muerte joven me golpea con crudeza. Me siento vacío, cansado y sin fuerzas.

## 15

## LLAMAN

> *Hoy encontré*
> *una pequeña alegría.*
> *Me hice tan pequeño como ella*
> *para ser el instante que está lleno de ella.*
>
> HENRI MESCHONNIC

Llaman a la puerta, y mi salón se llena de gente sencilla, venida para compartir las historias antiguas de la Biblia, partir el pan y rezar por tantas familias en este pueblo y alrededores. Margaret y Matt, Norlita, Martha y Angelina, Bay y Tianeth son los más fieles de las misas diarias. Me desarma la sencillez de estos sagrados misterios que somos y celebramos. Me siento tan honrado de poder estar aquí con ellos, haciendo esto para ellos, estar convocados alrededor de una pequeña mesa con una frágil llama, flores de papel, algo de pan y de vino y muchos deseos. Rezamos juntos el *atamta* (padrenuestro).

Mientras avanza la misa, el atardecer se anuncia en mi ventana, allí detrás de la colina del cementerio, con un rojo profundo y un oro intenso. Disfruto mucho de estos momentos. Justo detrás de la pared se sitúa el sagrario. El gran misionero español el padre Llorente se había maravillado igualmente por vivir tan cerca de Dios: «Abro una puerta y el altar está a dos pasos.» Muchas veces me recorre una ola de agradecimiento por este servicio sencillo que puedo ofrecer en este lugar en el fin del mundo, literalmente aislado del resto cuando los aviones no logran aterrizar. Este encuentro eucarístico siempre tiene sentido, aunque no sea mucho lo que hacemos: romper y compartir la palabra y el pan.

Rezamos por el pueblo. Siempre hay miles de razones para rezar. Hoy rezamos por un difunto en un pueblo cercano, por una anciana que se recupera de una enfermedad en el hospital de Anchorage, por los jóvenes atrapados en la red destructiva del alcohol. En su encantadora inocencia, Lulu y Molly, ambas de ocho años, «concelebran» conmigo, duplicando mis gestos en la consagración, haciéndola más comunitaria aún. Al salir, Margaret me regala un *malagg'aayaq*: el típico gorro de piel de castor con orejeras que confeccionó para mí y que suele costar cientos de dólares. La pareja sube a su *snowgo* y me saludan las niñas al alejarse el trineo.

Aunque la vida litúrgica en Mountain puede parecer a primera vista un poco oxidada, me emociona encontrarme con una comunidad que sabe mantener viva su fe, fielmente guiada por su diácono Elmer y por los ministros eucarísticos. La sencillez que encuentro aquí me remite mucho a la de los misioneros de mi infancia en Camerún. Son situaciones tan distintas pero que ahora me parecen muy parecidas. Se trata simplemente de la vida en lo que tiene de más sencillo.

## 16

## EL RÍO

*Dios no es el único en entrar en nosotros,
en infiltrarse dentro de nosotros en la oración.
Las cosas también entran por allí.*

FRANÇOIS CASSINGENA-TRÉVEDY

El río que me acoge durante cuatro meses en sus orillas es el Yukón. Nace en Canadá, a apenas 40 km de la costa, pero recorre unos 3187 km hasta desembocar en el mar de Bering. Es el río más largo de Alaska, atravesando este estado fronterizo de este a oeste. Su cauce llega hasta los tres kilómetros de anchura. En su paciente recorrido dibuja unos extraordinarios lienzos de meandros y arabescos de colores tenues que harían sonrojar al mejor de nuestros pintores y que cortan el aliento de emoción cuando se aprecian desde el runrún de la avioneta que trae a unos pocos pasajeros a estas tierras lejanas. Yo solo vi su lado helado. Impresiona igual.

A 140 km de su desembocadura acaricia una montaña solitaria de nombre Azachorok. Esta solo tiene unos 150 m de altura, pero es llamativa en medio de la asombrosa inmensidad de llanuras sin término que solo a primera vista se pueden llamar vacías. Al pie de este montículo, el Yukón se divide en una maraña de trenzas donde uno se pierde fácilmente (como he podido comprobar más de una vez). En el siglo XIX era el lugar adecuado para establecer uno de aquellos típicos campamentos de verano que los pescadores siguen usando hoy en día como cuartel general para sus imperiosas operaciones. En efecto, por esas tierras la gente vive de la pesca.

En 1908, la apertura de una tienda hizo que aquel campamento se transformara en pueblo. Hoy se llama Mountain Village y se jacta de unos 800 habitantes, el más poblado en toda la región. Pasado este pueblo, el Yukón decide cambiar de rumbo. Gira de repente hacia el norte, para continuar enseguida, como si nada, su soñolienta procesión hacia la llegada al mar.

El Yukón era el medio de transporte más importante durante la fiebre del oro a finales del siglo XIX. Sigue siendo el medio de transporte esencial para ir de pueblo en pueblo, como lo hago muchas veces para ir al pueblo vecino de St. Mary's, a orillas del

Andreafski. Es, además, una fuente indispensable de víveres durante todo el año. Debajo de su coraza de hielo, en aquellas corrientes oscuras y heladas, se mueven miles y miles de peces de todo tipo, no siempre tan sabrosos. Por aquí, durante algunas semanas en primavera, grandes bancos de salmones suben hacia Canadá. Muchos son interceptados por los pescadores que con sus barcos recorren incansablemente las aguas durante los meses navegables.

Pero de todo esto no veré nada. Me lo cuentan. Solo percibo, durante un paseo matutino, los barcos tristemente parados a orillas del Yukón, ligeramente caídos hacia un lado o hacia otro, como si estuvieran cansados y petrificados, atrapados en un paisaje lunar y desolador. Veo la leña que el río en tiempos cálidos trajo desde Canadá, tan indispensable porque es lo único para calentar las casas de los esquimales. En sus casas cuelgan pieles de todo tipo de animales —castores, zorros, nutrias, conejos, liebres, linces y lobos— que los yup'ik cazan a orillas del río y más adentro entre los sinuosos recovecos y meandros del paisaje. Un día, Matt me muestra un magnífico búho imperial que se quedó atrapado en una de sus trampas.

Al lado del río admiro los alces que en pequeñas manadas saltan por esas comarcas y dejan huellas como si fueran personas. A veces se nos quedan mirando con sus ojos grandes y tristes. Desde mi casa sigo con la mirada las *snowgo* yendo y viniendo a buscar agua a la fuente, leña en el bosque o peces en el río. Sobre el hielo destacan las infatigables sombras de unos esquimales solitarios que no sé qué hacen antes de volver a sus casas. Despiertan mi curiosidad. Después de haberlos observado durante algunos días, me acerco a uno para ver lo que hace. Se llama Leon. Él baja cada dos días al río para sacar de debajo del hielo una red en la cual unos pocos peces se quedan atrapados. Aprendo que es un trabajo muy laborioso pero a la vez ingenioso introducir una red en el espacio invisible entre el hielo y el suelo. Le agradezco su explicación. Meses después lo encontraré de nuevo, ahora devastado, en el funeral de su padre.

Esta tarde, subo a la cima del Azachorok para admirar este río tan gigante, tan asombroso y espléndido que atraviesa el inmenso espacio desde donde sale el sol hasta el ocaso. Intento ver el horizonte y me lleno de la creación en estado puro. El Yukón es una presencia descomunal, silenciosa y majestuosa, que trae vida y muerte a sus orillas.

# 17

## SANDY

> *El dolor verdadero no hace ruido.*
> *Deja un susurro como el de las hojas*
> *del álamo mecidas por el viento.*
>
> CLAUDIO RODRÍGUEZ

Sandy es el bebé de Lionel y Hannah. Hoy han venido para preparar su bautismo. Él también se interesa por el cursillo de confirmación y ella por el catolicismo. Estamos sentados en la mesa de mi salón, conversamos y nos reímos mucho.

※

En este momento no podemos saber que dentro de poco Sandy tendrá que luchar por su vida en el hospital de Anchorage. Todavía no podemos saber que los médicos al final acabarán rindiéndose, abandonándola al limbo incierto entre el cielo y la tierra. Todavía no sabemos que desconectarán las máquinas que la mantienen con vida. No podemos saber aún que todo el pueblo, todas las comunidades cristianas, rezarán por ella. ¿Cómo podemos saber que, después de meses de agonía, Sandy volverá a respirar milagrosamente y que incluso regresará al pueblo?

En este momento, mientras toman *kuviak* (café) en mi mesa, todavía no puedo imaginar las huellas imborrables que esos meses de lucha al lado de su hija dejarán en Lionel. Volverá al pueblo cansado, agotado, hinchado, envejecido, con los ojos huecos, envueltos para siempre en el velo oscuro del dolor. ¿Dónde habrá quedado la sonrisa traviesa que tanto lo caracteriza hoy? ¿Dónde la alegría pícara, dónde el brillo en su mirada?

ᘍ

…todavía, todavía no queremos saber que Sandy dejará de respirar para siempre, en un momento inadvertido, más de un año después…

ᘍ

Que en paz descanse.

# 18

## THOMAS

> *Me aterra el silencio eterno
> de esos espacios infinitos.*
> BLAISE PASCAL

Thomas, el nieto de MaryAnn, ha venido desde Anchorage para el funeral de su abuelo, su *apa* Johnny. Ha guardado vigilia con él toda la noche mientras el cuerpo permanecía expuesto en la iglesia: le ha ofrecido compañía contándole historias. Ahora todas las noches sale a pescar para su abuela. Un día, le pido que me enseñe.

Son solo las ocho de la tarde cuando salimos, pero ya es de noche. Con su tía Pauline me espera a orillas del Yukón, allí donde el pueblo se convierte en río. Yo los sigo en mi *snowgo*. Esta primera travesía del Yukón de noche me parece siniestra: las tinieblas nos rodean, como si miles de ojos crueles nos observasen desde las sombras. El abrumador silencio solo refuerza esta impresión. Los focos rojos de su *snowgo* me llevan hasta la otra orilla, al lugar donde estuvieron pescando ayer.

Apagamos los motores y el ruido cede el paso a un silencio bendito y estremecedor. Queremos aprovechar los agujeros que abrieron ayer, pero nos cuesta encontrarlos debajo de una capa de nieve fresca. Por la universal ley de Murphy, que parece también operar por esas latitudes, al bajar de la *snowgo* pongo el pie en uno de esos malditos huecos, lo que les parece divertido a todos salvo a mí.

Empezamos a pescar, cada uno con su *manaq* encima de su agujero en el hielo. A veces cambiamos de agujero para probar nuestra suerte. Movemos el anzuelo sin parar para atraer a los peces, que muerden todo lo que se mueve. Thomas me sugiere mantener el anzuelo justo debajo del hielo, donde los peces buscan comida, pero no sé cómo puede saber dónde se encuentra precisamente ese lugar a tantos metros debajo del hielo. En el horizonte vemos centellear amablemente las luces del pueblo, haciendo guiños a las estrellas en el cielo. Me tranquiliza esta pequeña sombra de humanidad como un corazón que late en medio de la inhóspita inmensidad de alrededor. El cielo lleno de estrellas me llena de asombro y gratitud, pero ni esta ni ninguna noche veré los famosos espectáculos de auroras boreales.

Hace tanto frío que a ratos tengo que quitar el hielo que se forma sobre el agua. Podría haberme quedado calentito en casa. No obstante, esta misma noche la pesca me cautivará de tal forma que pasaré gran parte del día fuera cada vez que puedo, incluso más que en un invierno europeo «normal». ¡Qué paradoja! Y no es que no me afecte el frío, que sí me afecta, sobre todo cuando me sube por las botas, por eso constantemente muevo las piernas para entrar en calor. Felizmente, Pauline ha traído *kuviak* y tiras de salmón ahumado que acepto agradecido. Seguimos de pie toda la noche, pescando poco. De repente, ya no puedo sacar el anzuelo. Llamo a Thomas, que me cuenta que tiene que ser un pez muy gordo, pero no es más que un palo. Se ríen a carcajadas: «¡El primer pez del padre!»

Thomas me pregunta por las costumbres de mi país. A su vez me cuenta historias extrañas, como cuando vio a niños y partes de cuerpos arrastrándose por las paredes. No sé todavía por qué infiernos ha pasado este nuevo amigo. Lo entenderé mejor al enterarme de los efectos alucinantes que pueden tener el alcohol y la droga. Thomas me desilusionará mucho cuando vuelva a su vida disfuncional en Anchorage, sobreviviendo más que viviendo. Esta noche, en el río, no hablamos mucho. El silencio y la noche nos unen en esta actividad reposada. Aquí, con los pies helados en uno de los ríos más notorios del mundo, aprendo que los yup'ik hablan poco, pero dicen mucho.

Tengo menos suerte que mis compañeros: tengo que esperar hasta pasada medianoche para que pique mi primer pez. Ellos, al contrario, suben con mano experta una *manignaq* (lota) detrás de otra, grandes monstruos con especies de bigotes que se congelan en poco tiempo y cuyo aspecto me quita el poco apetito que suelo sentir por los animales de esta especie. Por lo tanto, pasará mucho tiempo antes de que decida llevarme un pez para prepararlo —solo lo haré una vez para probar—, pero la mayoría de las veces regalaré lo que he pescado, quedándome con el placer de haberlos pescado.

Justo cuando estoy a punto de tirar la toalla e ir a tomar una ducha caliente, siento un fuerte tirón que me llena de adrenalina. Lentamente levanto la cuerda por el agujero. Una *manignaq* de tamaño mediano me mira con ojos aguados. Salta y resiste cuando intento sacarle el anzuelo de la boca. Pauline me cuenta que conviene decir *quyana* (gracias) porque el pez ha elegido picar y morir por mí. Se queda dando saltos espasmódicos sobre el hielo. Lo estoy mirando mientras intento mi suerte otra vez. Pronto dejará de saltar y se quedará duro como el hielo. Su vientre está poblado de pequeños gusanos negros que han aprovechado el viaje con él, sobreviviendo con lo nutritivo que se incrusta bajo las escamas del pez.

En el camino a casa paramos enfrente de la vivienda de una anciana para dejarle mi pescado, lo cual no es sino una sencilla muestra de agradecimiento a los mayores por los valores que han transmitido y por las técnicas que han enseñado, como una manera de mantener a aquellos que por razones de edad o enfermedad ya no pueden salir a pescar: en poco tiempo aprendo otra de las hermosas costumbres yup'ik.

Después de toda esta espera en una noche fría pero asombrosa me siento eufórico por mi primera pesca en Alaska. Será la primera de muchas, mientras me dejo impregnar para siempre por el aire fresco y la inmensidad del paisaje: nada mejor que una pesca silenciosa para contemplar la naturaleza a su ritmo seguro y sosegado y adoptar su respiración serena y sólida.

Mientras pescamos, los yup'ik comparten conmigo *kuviak* y tiras de salmón. Un día preparo un bizcocho de pasas y manzana y comparto un trozo con Matt Jr., que me lleva a pescar después de que Thomas haya vuelto a la ciudad. Solo prueba un poco y deja el resto. Pienso que no le ha gustado y me siento un poco ofendido. ¡Grande es mi sorpresa cuando su madre y sus hermanas pequeñas vienen al día siguiente a agradecerme el bizcocho! Lo ha guardado para ellas.

En una de nuestras noches de pesca, Thomas me cuenta que tiene seis hijos, pero no vive con ninguna de las novias que ha tenido. No tiene familia. Como es el primero que me enseña la vida yup'ik, lo echaré mucho de menos cuando un día ya no esté. Ahora vive como puede en las calles siniestras de Anchorage con más problemas de bebida que sacos de dormir para aguantar la noche. Lo llamaré algunas veces pero no estará en condiciones de responderme, su voz atragantada, como la de un ahogado, como salido de debajo del agua.

El último día, antes de dejar Alaska para siempre, pasaré por Anchorage. Lo llamaré una última vez para despedirme. Quiero agradecerle todo lo que me ha enseñado. Su voz ahora suena normal y su agradecimiento genuino. Me promete que irá a vivir al pueblo y cuidará de su abuela si yo vuelvo. Incluso me propone ir a verme al aeropuerto durante mi breve escala. Pocas horas en mi vida serán tan largas como aquella durante la cual lo esperaré entre la gente del aeropuerto, pero a él no lo veré.

# 19

## CAZAR ALCES

> *Quita las sandalias de tus pies,*
> *porque el lugar que pisas*
> *es suelo sagrado.*
> Ex 3,5

Cazar alces es una de las actividades de invierno típicas junto con la pesca en hielo, los campeonatos de baloncesto y las fiestas *potlatch*. Esta tarde, Thomas y Stanley me llevan a cazar. Esto nunca se hace solo: dos de sus amigos se juntan con nosotros, cada uno con su *snowgo*. Salimos hacia el norte por unos caminos que no había visto antes.

Rápidamente nos alejamos del pueblo a la búsqueda de huellas de alce. Stanley conduce su *snowgo* y yo la mía, con Thomas detrás, pero eso dura poco: me dice que él prefiere conducir porque yo no sabré seguir la feroz persecución por la tundra cuando encontremos algunos alces. En todo caso, no me deja ninguna opción y obedezco. Al principio todo va muy tranquilo, aunque sentarse detrás en una *snowgo* y atravesar la tundra siempre es agitado por los bultos en el suelo que me sorprenden cuando menos los espero. Después de una hora y media, soy yo quien ve los alces primero, lo que me sorprende estando con unos cazadores natos.

No tengo tiempo para felicitarme por este hecho porque de repente empieza una loca persecución; Thomas arranca a toda velocidad, sus ojos atentos exclusivamente a los alces, totalmente ajeno a su pasajero y tal vez contento de poderse librar de ese peso muerto que soy. Sé que no le facilito en absoluto la caza, pero pienso para mis adentros: «Puedes estar contento de conducir mi *snowgo*: la gasolina es carísima y tú no tienes que financiar esas escapadas, pero la diócesis sí.» No es que tenga mucho tiempo para resolver la espinosa cuestión de si los gastos de esta caza entran en la categoría de trabajo pastoral o social, o en ninguna categoría, ya que mi principal preocupación ahora es no caer de la *snowgo*. Ante cualquier giro brusco que hace Thomas en la dirección menos anticipada, rezo para que esta pesadilla acabe pronto.

La *snowgo* tiene poco en donde me pueda sujetar y apenas me mantengo en equilibrio. El fusil que Thomas lleva a su espalda balancea en mi cara. Me grita que tengo que seguir mejor los movimientos de la *snowgo*. Cuando, muy preocupado, le quiero pedir que vaya más lento, se pone de pie, mientras la *snowgo* sigue su camino, toma su fusil y dispara. Yo ni siquiera he visto el alce. Pero lo veo caer, de un solo tiro. Me quedo asombrado. Todo ha sido tan abrupto que ni me doy cuenta de lo que ha pasado. Con autoridad me obliga a quedarme allí mientras va a asegurarse de que haya muerto. Recojo el cartucho todavía ardiente como si fuera un trofeo.

✦

El resto de la tarde nos dedicamos a desmembrar al animal humeante en trozos comestibles, allí mismo en la nieve donde cayó. En nuestra marcha repentina, el trineo que lleva Stanley para transportar el alce se ha quedado atrapado en unos arbustos y él y sus amigos tardan en juntarse con nosotros. Mientras tanto ayudo como puedo a Thomas, que se muestra todo un experto en esta labor penosa y sangrienta de despedazar y desentrañar.

Me cuenta que lo ha aprendido todo de su *apa*. Me asombran el enorme respeto y la gratitud imperecedera que sus palabras no ocultan cuando me habla de los ancianos. Realmente, ser anciano aquí es una institución. Y no solo esto, aprenderé más tarde que Thomas ha crecido con sus abuelos, al ser su padre violento y su madre incapaz de cuidar de su hijo. Desde su nacimiento a Thomas lo persigue la conocida maldición de que quien es hijo de alcohólico será alcohólico, de que quien es hijo de violento será violento. A pesar de parecer la persona más dócil y afable que conozco, Thomas lleva en su cara una grotesca cicatriz, fruto de una disputa mal terminada que ya no recuerda, o que no me quiere contar y que incluía de algún modo una navaja.

Durante esos hermosos días de febrero, mientras me enseña a pescar, a cazar y a sobrevivir en un clima inhóspito como lo hizo con él su *apa*, al que solo conocí expuesto en el suelo entre flores de papel, es tan sobrio y tan tierno que me cuesta ver en él todos esos fondos oscuros que heredó y con los cuales luchará en vano cuando lo persigan como unos dementores (sí, los de Harry Potter). Sé que es por MaryAnn que pesca y caza en un fútil intento de restituir algo para lo cual su *apa* lo adiestró. También es una manera de hacer duelo.

Me siento más que honrado —pisando tierra sagrada— por poder estar aquí en este proceso familiar tan frágil, tan cristalino, tan hermoso también. Con enorme pudor me siento más que testigo: invitado a una intimidad que me reclama el sumo respeto. Veo a Thomas en tensión entre un absoluto reconocimiento por haberlo recibido todo de sus abuelos y una abisal autoestima por no poder corresponder con la imagen que soñaron para él, por no llevar la vida feliz y plena que merece.

Poco a poco, hechas trizas, me llegan las piezas del puzle que Thomas seguirá siendo para mí. Esto es una verdad recurrente en Alaska: hay que ser un poco detective, hay que saber manejar la información en cuanto llega, siempre descuartizada como ahora este alce que ya no tiene aspecto de criatura después de nuestro trabajo. A mí me encantan los puzles y acercarse a los esquimales tiene mucho de puzle: no es que guarden todo para sí, no es que no abran sus casas y sus corazones; es que la vida se vive simplemente con menos palabras, se vive en ondas más densas y profundas y un intruso como yo ha de llegar a afinar su radio interna en una longitud de onda desconocida.

El alce es todavía joven, me cuenta Thomas. Estaba con su madre cuando empezamos a cazarlos, pero ella tuvo más suerte; o no: veo que se queda mirando a una distancia segura, tal vez esperando por su cría que nunca volverá. Pero la madre ha dejado de interesarle a Thomas, imperturbable en su labor de destrozar no solo un hermoso animal sino además una familia. Igual que durante la pesca, tampoco ahora habla mucho mientras prosigue meticuloso con su tarea.

Aprendo que hay todo un orden de procedimiento a la hora de descuartizar al animal. Con fuerza hercúlea de la cual no me sospechaba capaz, mantengo levantada la enorme pierna del alce mientras Thomas, con cortes certeros, poco a poco la separa del cuerpo. La llevo al trineo mientras él se centra en el vientre: lo abre descubriendo la bolsa de un enorme estómago, que dejaremos sin abrir para las aves rapaces. Me cuenta que otras tribus suelen comerlo, pero los yup'ik prefieren restituírselo a la madre naturaleza para influir lo mínimo en el círculo de la vida. Una tras otra, con pequeños golpes, Thomas corta las costillas. Ya queda poco por cortar. El olor cálido de la sangre me da náuseas. Dejamos una mancha de sangre enorme en medio de esta blancura.

※

Cuando el trineo está lleno, dejamos este sitio de muerte. El sol ya está bajando y pronto se hará de noche. Los amigos de Stanley se llevan una pierna y la mitad de la carne. Thomas trae el resto dentro de la casa, donde nos están esperando las mujeres, ávidas de escuchar las historias de la caza. Mientras me caliento con un café y se cuecen el hígado y el corazón, Thomas sigue con su trabajo de carnicero en el suelo del salón, cortando la carne y quitando la piel.

Me cuentan que la piel no tiene ningún uso. En efecto, los pelos se deshacen y se quedan pegados a la carne; lo comprobaré cuando ase unos deliciosos trozos y los coma con una lata de arándanos: ¡nada mejor para convertir cualquier noche solitaria en deliciosa fiesta navideña! Hasta las pezuñas se cuecen durante horas: MaryAnn me asegura que son una auténtica delicia.

Thomas deja los trozos de carne simplemente en el porche que sirve de nevera natural y donde se congelarán en poco tiempo. Ahora entiendo mejor la utilidad del porche, que además sirve de tapón entre el exterior y la casa, pero que en el mes de abril me dará la bienvenida con una mezcla de olores difíciles de aguantar: entre peces, aves, pieles y carne en vías de descomposición.

Esta noche sorbemos todos contentos la sopa de alce y la casa se llena de los sonidos de una escena familiar feliz. MaryAnn como matrona no puede estar más radiante. Para nada me siento ahora un intruso. Me cuesta dejarlos, llegar solo a casa y atravesar la iglesia oscura y vacía, pero me voy a la cama feliz y agradecido por haber estado hoy en familia.

## 20

## EL ABRAZO

> *Consolad, consolad*
> *a mi pueblo.*
> Is 40,1

El abrazo que se dan los yup'ik como pésame, sin palabras, me conmueve mucho. Aquel abrazo que dura un poco más de tiempo de lo normal dice mucho más que lo que nuestros embarazosos balbuceos de pésames logran comunicar. Eso es todo. En efecto: eso dice todo lo que hay que decir. En esta expresión corporal hay amor, consuelo, tristeza, compañerismo, pero también impotencia. Honestamente, ¿qué es lo que se podría decir cuando un hijo ha muerto?

※

Esta mañana, Justin tenía treinta y dos años cuando alguien le disparó en circunstancias no aclaradas. Vivía con su novia en Pitka's Point, en el punto donde el Andreafski se lanza en el Yukón y donde, a causa de las aguas movedizas, uno tiene que tener mucho cuidado al pasar en *snowgo*.

Voy a ver a su padre, CharlieBoy, que vive en Mountain. La primera vez no me abre: ni siquiera hay alguien en casa porque la puerta está cerrada desde fuera. Los vecinos me dicen que sigue todavía en Pitka's Point. Vuelvo más tarde y un poco aturdido me abre la puerta. Está solo en casa y me invita a su mesa en la cocina. Miro las fotos de la familia que están colgadas en la ventana mientras CharlieBoy me prepara *ayuq*, una deliciosa infusión de una hierba que se recoge fácilmente en la tundra y que se llama oficialmente *Rhododendron groenlandicum* o té Labrador: es nocivo pero no en pequeñas cantidades. También se usa como incienso durante los bautismos y durante *potlatch*, la gran fiesta del pueblo.

Como voy aprendiendo desde mi llegada a Alaska, recojo con paciencia cada pieza de información para formar el puzle de la situación. No necesito saber lo que pasó, sino lo que espera la familia de mí. Estoy aquí para ofrecer mi ayuda, pero no quiero meter la pata en momentos tan delicados. A menudo ni siquiera las familias saben o quieren saber lo que hay que hacer en esos momentos de tragedia.

¿Con quién pueden contar? Si uno tuviera todas las piezas del puzle desde el principio, sería más fácil ayudarlos, pero aprendo que no es así en Alaska y que no estoy aquí para forzar las cosas sino para seguir la corriente. Me entero de que los padres de Justin viven separados, que su madre Darlene es protestante y su padre católico. No han decidido aún si quieren un funeral protestante o católico. Desconsolado, CharlieBoy me cuenta que su hijo deja a tres niños pequeños.

꽃

Ahora pasaron ya tres días desde que fui a ver a su padre por primera vez. Durante estos días, con Justin expuesto en su ataúd, vienen a la casa el coro evangélico con el pastor Marc y su guitarra: les pido que canten también durante el funeral. Allí también encuentro a Lena, una de las ancianas de St. Mary's, que me propone rezar un rosario. Allí compartimos *aqutak* y sopa de alce. Allí escucho historias muy divertidas sobre una pobre anciana con muletas que en primavera iba a recoger bayas y contaba con la ayuda de los demás debido a su invalidez, la pobre, pero sin percatarse de los ositos que estaban allí por las mismas bayas. Cuando se acercó la madre osa, ¡se puso a correr sin necesidad alguna de sus muletas! Allí Sonny, el hijo de Justin, arregla mi *snowgo*. Allí encuentro a Luke y a Junior, los hijos de Sarah y Mathew, la segunda familia que me adopta como suyo. Como un estribillo, al igual que ocurre con Johnny, al que nunca he conocido, los muertos me persiguen para introducirme en sus familias.

⁂

En este momento tengo a Justin expuesto en su ataúd en la iglesia. Mañana celebraremos el funeral y acabo de cerrar la iglesia para pasar la noche. Un poco temeroso me aventuro al lado del ataúd donde descansa inmóvil. Estamos solos. En su mejilla se ve muy negro el agujero del disparo. Alguien puso una moneda en el ojo que se resiste a cerrarse. Me sobrecoge el poder que emana de un cuerpo, incluso de un cuerpo muerto.

Mientras rezo un rato por él, mi mente divaga hacia una experiencia que tuve hace veinte años en un hospital cuando me tocó acompañar a una anciana ya a punto de morir. Estaba en coma. Solo su respiración delataba la vida que seguía en su cuerpo, un cuerpo que emanaba una serenidad etérea muy atrayente igual que la habitación misma, siempre pura e impecable. ¡Cuántas veces, cuando necesitaba descansar de pacientes más recalcitrantes y resistentes, entraba en su habitación para empaparme de la paz y de la imperturbabilidad que reinaban en su cuarto! Estaba preparada para irse de este mundo. Pienso a menudo en ella con profunda gratitud. Aunque nunca hablamos, esa experiencia de acompañar en sus últimos días de vida a una mujer desconocida a quien nadie vino a visitar y cuyo nombre ya no recuerdo sigue siendo una de las más fundantes en mi vida. Algo hermoso se tejió ahí entre nosotros, algo durable, algo que ya no se puede perder, aunque sea frágil y cristalino como la vida misma.

❦

Durante la homilía medito sobre el abrazo. El padre del hijo pródigo le dice poco, pero lo espera con un abrazo que lo dice todo. A Justin también lo espera el abrazo del Padre. Somos creados por y para un abrazo y para abrazar al mundo.

Pensar sobre el abrazo me hace recordar un fuerte, inolvidable episodio del mes de Ejercicios, en el cual tanto Jesús en su niñez como el abrazo estuvieron muy presentes. Era ya hacia el final de los Ejercicios y había recibido mucho. Estuve rezando en Mount Thabor, no lejos de nuestra casa en Portland, con la Magdalena en la búsqueda del abrazo. Bajando de la montaña pasé por un parque donde unos niños estaban jugando. Todavía estaba saboreando la hermosa contemplación que había tenido en la montaña cuando un niño de unos trece años me bloqueó el paso pidiéndome un abrazo. Me paré estupefacto. Mi confusión le despertó la risa. «¿Quieres un abrazo?», balbucí. «Sí», me dijo. Recibí este abrazo de este joven desconocido como si viniera directamente de Jesús adolescente. Este abrazo ha sido fundante para el padre sin hijos que soy. Ahí fuera hay un mundo lleno de abrazos esperándonos.

※

El cortejo está a punto de salir hacia el cementerio familiar de la familia Peterson en Old Andreafski, el antiguo campamento de pescadores situado entre Mountain Village y St. Mary's. Por esos parajes se perdió hace tiempo un sueco con este apellido, dejando mucha descendencia en sus encuentros con las esquimales.

Tengo prisa porque en esos días de frío me cuesta arrancar la *snowgo,* que requiere quince minutos de calentamiento. Al pie de la escalera de la casa de CharlieBoy resbalo. Un inmenso e intenso dolor sube de mi cadera hacia la espalda, paralizándome sin poder levantarme durante unos largos minutos que me parecen horas. No veo a nadie que me pueda ayudar. Temo haberme roto la cadera. Pero no quiero hacerlos esperar por una tontería. Así que con dificultad y dolor me levanto y arranco la *snowgo* para seguir el cortejo por el río. Felizmente, son solo unos músculos, aunque no dejarán de hacerse notar en los próximos días. Observo una nueva percepción del cuerpo debido al frío que acentúa unas partes más que otras. Mucho tiempo después, alguien me dirá que me vio estirado en el suelo, pero pensó ¡que estaba contemplando el cielo!

El camión con el ataúd sale por la única carretera que hay entre Mountain y St. Mary's y donde a menudo las nevadas bloquean el acceso. Pero hoy por suerte no es el caso. Nosotros, en las *snowgo*, seguimos en filas, trazando unas lánguidas lágrimas por el río. A orillas del Yukón, en una colina pintoresca abierta a todos los vientos, enterramos a Justin entre las tristes cruces de madera pintadas de blanco de sus antepasados. Aquí hay vientos de -40 °C (que es igual a -40 °F según el termómetro de mi casa porque es la temperatura donde se encuentran los sistemas europeo y estadounidense). Digamos que a estas alturas ya no hay ninguna diferencia: uno se congela igual.

Formamos un círculo alrededor del ataúd. El agua bendita que traigo en un frasco de plástico con la intención de bendecir la tumba se ha congelado en el recorrido. Rezo unas oraciones para el difunto y los sepultureros hacen su trabajo mientras algunos nos calentamos en la pequeña casita, único residuo de la primera residencia de los Peterson. Estamos viviendo una película en blanco y negro.

## 21

## ALEX

*Para dar luz a los demás
hemos de amar nuestras sombras.*
VÍCTOR HERRERO

Alex es uno de los jóvenes entre veinte y treinta años que no suelen venir a misa. Sin embargo, sé que muchos estarían interesados en juntarse para hablar de valores y temas de la fe y del futuro. Muchos de ellos no están confirmados. Propongo entonces un cursillo catequético de preparación para la confirmación. Acuden nueve, que voy viendo cada semana en mi salón detrás del sagrario, mientras el sol conquista el cementerio en la colina del Azachorok que se deja ver desde mi ventana.

❧

Aquí leemos textos de la Biblia, compartimos dudas y descubrimos que hay demasiado poco tiempo para todo. Con todos los entierros que vive el pueblo, observa Alex que a todos nos toca nuestra parte de dolor, de una manera u otra. Todos somos iguales en el sufrimiento, prosigue, y en el dolor las raíces yup'ik y las cristianas se tocan: son como dos piernas para poder mantenerse firmes en medio de las dificultades. La fe cristiana y los valores tradicionales son complementarios y se necesitan entre ellos.

Los cristianos habéis aportado el vocabulario, sigue Alex, para entender mejor a Agayun. No penséis nunca que habéis traído a Dios, que siempre ha estado aquí con nosotros, pero sí que nos habéis dado palabras, un lenguaje para comunicarnos con Dios y para hablar de Dios entre nosotros, además de para entender mejor y desde dentro una experiencia que ya es nuestra.

かき

Este compartir hoy en mi salón es uno de los tesoros que conservaré de mi estancia entre los yup'ik. Me encanta particularmente la idea de que el cristianismo pueda ofrecer algo a la cultura tradicional yup'ik: no el contenido, sino el lenguaje. Para que una experiencia religiosa todavía anónima y sin rostro cobre precisión y claridad, necesitan el Nombre y el Rostro de Cristo. Que existen los espíritus y el mundo espiritual, de esto no hay ninguna duda entre los yup'ik, que son intrínsecamente religiosos y espirituales. No obstante, es necesario que cobren sentido y que no se queden en lo vago y ambiguo, y en esto, según Alex, el cristianismo es insuperable.

Pocas veces he oído un testimonio tan magnánimo y tan sencillo sobre la necesidad de inculturación de nuestra fe. Sin humus para madurar, la fe no puede persistir, ni siquiera como depósito fijo, petrificado y repetido a lo largo de los tiempos. Me siento honrado de poder escuchar aquel testimonio de la boca de este joven que sabe e intuye mucho.

## 22

*II-I*

> *Uma única sílaba.*
> *A salvação.*
> EUGÉNIO DE ANDRADE

*Ii-i* SE DICE CUANDO QUIERES afirmar algo. El primero que me lo dice mucho y bien es CharlieBoy, el padre de Justin. Me llama la atención desde la primera vez que lo visito.

❧

Es la palabra yup'ik que más me gusta, tal vez por ser tan breve y condensada. Simplemente significa 'sí' o 'de nada'. La *i* final se dice como exhalación y en un tono más alto. No es más que aliento colorido, espiración que lleva un poco de quien lo dice.

A mis oídos suena siempre benevolente, como aceptación del otro, una respuesta de sumo respeto. Un poco como «En tus manos encomiendo mi Espíritu…».

Si Jesús fuera yup'ik, seguro que diría solo esto al expirar en la cruz: *ii-i*... O la Virgen en su respuesta al ángel: *ii-i*... O Pedro cuando el Resucitado le pregunta: «¿Me amas?»

## 23

## LA FIESTA

> *¡Qué alegría, vivir
> sintiéndose vivido!*
> PEDRO SALINAS

La fiesta yup'ik principal se llama *potlatch*. Los misioneros decimonónicos, menos dados a la inculturación, la prohibieron por miedo a la idolatría chamanista, pero el jesuita francés René Astruc la promovió de nuevo en St. Mary's cuando llegó al delta Yukón-Kuskokwim en los años 1950.

*Potlatch* era originariamente la fiesta de los espíritus de los antepasados que unen a dos pueblos en paz y concordia. Hoy son sobre todo fiestas de encuentro entre pueblos vecinos que se juntan para bailar y para ofrecerse regalos. En cada pueblo se celebra una vez al año, pero como se invitan entre ellos, hay toda una temporada de *potlatch* en la región. Yo mismo tengo la suerte de celebrarlo tanto en St. Mary's como en Mountain. El largo invierno es muy propicio para estas fiestas que rompen el aburrimiento y ponen a las mujeres a coser frenéticamente nuevas *qaspeq* que regalarán durante las fiestas y que son el atuendo típico para los bailes esquimales o *yuraq*. Los *qaspeq* para varones son un poco más cortos que los de las mujeres.

Durante *potlatch* los nuevos miembros de pleno derecho, mayoritariamente adolescentes, son presentados a la comunidad: se proclama públicamente el nombre yup'ik que recibieron de recién nacidos a la hora del fallecimiento de un anciano, que desde entonces deja su nombre y su espíritu como protector del bebé. De tal manera, el nombre yup'ik, que no tiene género, pasa de generación en generación. Muchos reconocen incluso algo del carácter del difunto en la nueva criatura. Se entiende que *potlatch* y el *yuraq* son el corazón espiritual de la vida social de los yup'ik. Tal vez por aquel olor a animismo, los primeros misioneros fueron incapaces de percibir cómo se podrían mantener unidos la tradición yup'ik y los valores cristianos.

En St. Mary's se celebra *potlatch* en el gimnasio del colegio, allí mismo donde visitaré la feria de las ciencias preparada por los alumnos y donde, al final de mi estancia, celebraré el funeral de Moses, simplemente porque es la sala más grande del pueblo. Tradicionalmente se celebraba en los típicos *qasgiq* o casas comunitarias que ya no se construyen, como tampoco los iglús (la primera pregunta que siempre se me hará cuando alguien se entere de mi estancia en Alaska es si he vivido en un iglú: pues la respuesta es no).

Esta mañana el gimnasio se ha llenado de gente y del agradable murmullo que suelen provocar las fiestas populares. Me siento donde más cómodo me encuentro: arriba en la última grada. Las dos familias que presentarán a los nuevos miembros empiezan a amontonar los regalos en dos pilas en medio de la sala: rifles, ropa, pieles, telas para fabricar *qaspeq* y utensilios de todo tipo para la pesca, la caza, la cocina, para cortar leña o para reparar vehículos y aparatos.

Ahora le toca al *agayulirta* que soy bendecir los regalos. Supongo que este papel era antiguamente reservado al chamán. Para esta ocasión, llevo el hermoso *qaspeq* negro que me dieron los Sheppard en los cuarenta días de Johnny. Me llaman desde mi última grada y bajo al lugar más incómodo, en el centro. Me entregan la brasa del *ayuq* y una pluma de ganso. Felizmente en un video he visto como lo hacía mi predecesor, el muy querido padre Ted. Me asombra el silencio absoluto de los cuatrocientos reunidos cuando me desplazo lentamente alrededor de la enorme pila de regalos, dirigiendo el humo del *ayuq* hacia ellos por medio de la pluma. De la misma manera bendigo a los presentes.

Me gusta este gesto sencillo que expresa el sumo respeto tanto hacia los asistentes como hacia las fuerzas divinas. Es un símbolo fácil de entender: el humo representa a los espíritus que uno no puede tocar con las manos, por lo cual se usa una pluma de ganso, ofrecida tal cual por la naturaleza y ahora movida con esmero para incitar a los espíritus a desplazarse hacia los regalos y hacia los presentes, si así les place. El humo sigue teniendo libertad para ir adonde quiere: delicada y levemente es dirigido, nada más. Hay algo hermoso en este contacto íntimo que se hace sin tocar. Pienso en los contrastes con los sacramentos cristianos donde sí se toca con las manos.

Después de la bendición con *ayuq* los nuevos miembros, ataviados con el típico atuendo festivo de abrigo, gorro y botas de piel, se ponen de pie sobre una piel de foca o de caribú desde donde distribuyen los regalos: primero se regalan los más valiosos y personales a la familia del difunto cuyo nombre y espíritu de protección el adolescente lleva ahora. Pero todos los presentes reciben pequeños regalos, como calcetines o jabón y *aqutak*. Cuando se ha liberado el espacio de los regalos, uno de los mayores y pilares de la comunidad, en este caso Benjamin, ofrece un largo discurso de bienvenida en yup'ik.

Enseguida empiezan los bailes, que durarán toda la noche. El *yuraq* se baila al ritmo de una canción acompañada por tambores (*cauyaq*). Los músicos, todos varones, se sientan cada uno con su tambor en una fila, los mayores en medio. Uno de ellos empieza una canción y la acompaña con su tambor. Como todo se canta en yup'ik, yo no entiendo nada, salvo que se está narrando algo. La canción puede tratar de la caza o de la pesca, de animales que representan personalidades o valores de la vida familiar, del respeto a los ancianos y a los niños. Después de la primera estrofa todos los cantantes entran con sus voces graves y sus tambores y cada estrofa gana en dramatismo e intensidad.

Las mujeres bailan de pie, todas con su hermoso *qaspeq* y sus guantes. Apenas se mueven de su sitio, pero con pequeños aparejos hechos de piel de caribú traducen la historia cantada en gestos y movimientos estilizados. Para mi sorpresa, no interactúan ni se mueven de su sitio, sino que bailan individualmente con gestos que cada una repite igual; la hermana Ellen me explica que el tamaño reducido de los *qasgiq* donde desarrollaron antaño esos bailes no permitía hacer grandes desplazamientos como en un clima que permite bailar al aire libre. Si un varón quiere bailar, lo que también puede, su lugar es arrodillarse ante las mujeres e imitar los mismos gestos pero en espejo. Sin embargo, al igual que lleva un *qaspeq* varonil, también los aparejos que usa para bailar son distintos de los que usan las mujeres: se trata de anillos en los cuales están incrustadas unas plumas.

Naturalmente los bailes y las canciones son muy rítmicos y muy repetitivos, con estrofas musical y coreográficamente iguales donde solo cambia el texto. Me sorprende que la mayoría de la gente no baila, sino que se queda mirando desde las gradas, tomando unas golosinas o un zumo. Mientras veo un baile tras otro y todos me parecen iguales, intuyo que uno disfruta más como bailarín que como espectador. Pero me falta valentía para levantarme y juntarme con ellos. No me siento seguro ante toda esta gente que ha venido a celebrar y no los conozco lo suficiente para saber si aceptarán un bufón en medio de su fiesta o si lo tomarán como falta de respeto. Prefiero ensayar con alguien en vez de tirarme a la piscina. Ya es suficiente para un día la experiencia del incienso con el *ayuq*.

*Potlatch* también celebra la solidaridad en el pueblo. Una mañana nos reunimos en la sala comunitaria para la distribución de comida y víveres a los ancianos del pueblo. Cada uno con su bolsa amarilla de plástico se coloca alrededor de una enorme pila de animales congelados: peces de todo tipo, patos, gansos, cisnes y grandes trozos de carne de alce. Me toca incensar la pila con *ayuq* y después se llenan las bolsas de los ancianos.

*Potlatch* suele durar tres días. La tercera noche, dedicada a saludar a los espíritus para que se vayan benévolos, decido por fin darle una oportunidad al baile. Hay menos gente que la primera noche, y cuando el ciclo de gestos de una particular canción no me parece complicado, me acerco a la alfombra donde se arrodillan los varones. ¡Pero es más difícil de lo que parece! Con cada estrofa pienso haber captado el ritmo, pero me confunde tener que hacer los gestos de las mujeres en espejo, si bien es más divertido hacerlo que mirarlo. Cuando me siento, sudando, un niño se me acerca y me pregunta muy travieso: «¿Era tu primera vez?» «¡Cómo te has dado cuenta!», le respondo riendo, pero también derrotado.

## 24

## ESTOY PERDIDO

> *Yo me callo, yo espero* [...]
> *hasta que pueda ver con los ojos cerrados*
> *el dolor que ya veo con los ojos abiertos.*
>
> ANTONIO GAMONEDA

Estoy perdido en la tundra. Cuando Matt Jr. pierde su trineo delante de mí y no me oye gritar por el ruido de su *snowgo* tengo que decidir si seguirlo sin más o recoger el trineo. Aunque no quiero perderme, decido parar. Él desaparece en el horizonte y me quedo solo. Aunque sé que no puedo estar lejos del pueblo me siento desorientado. Ni siquiera conozco el lugar adonde me quiere llevar. En el hielo se juntan muchas huellas de *snowgo* y no sé cuál debo seguir.

Por miedo a perderme suelo seguir tan de cerca las *snowgo* que un día choqué con la de Sarah cuando se paró de repente. Me contaron que al padre Ted lo estuvo siguiendo un novicio jesuita tan de cerca que, cuando a mitad de camino se giró y no vio al novicio, desanduvo todo el camino hacia St. Mary's para darse cuenta, finalmente, ¡que el novicio lo había seguido fielmente todo ese tiempo!

ॐ

Mientras yo me pierdo y me desoriento en la tundra, la gente se pierde y se desorienta por asuntos más graves. Una tarde llaman a la puerta. Es una pareja felizmente casada pero desesperada por el alcohol que consumen juntos y que hace que despierte la violencia doméstica entre ellos. Se sienten incapaces de cambiar y vienen al *agayulirta* porque es su último recurso. Los escucho pero no los puedo ayudar. No hay ningún programa de alcohólicos anónimos en el pueblo. *Consolad, consolad a mi pueblo.* No los logro consolar, eso lo veo. Me siento tan incapaz como ellos mismos. ¡Vaya misión que tengo! Una incapacidad encuentra a otra: ¿podríamos confiar en que algo, algo sí nace en aquel encuentro de vulnerabilidades? Cuando se van les aseguro que siempre pueden volver si necesitan hablar, pero más no está en mi poder.

Ahora necesito llamar a la hermana Kathy como suelo hacer cuando llego a mis límites, por lo que la llamo más que a menudo y, supongo, más de lo que a ella le gusta. Necesito compartir mis dudas, mis pocos logros, mis fallos y mis fracasos. Me dice que, en efecto, no podemos hacer mucho más que escucharlos y animarlos. Me pregunta si mi vocación se ha visto afectada por lo que vivo aquí. Todo lo contrario, le respondo, sorprendido. Es mucho más fácil dudar de mi vocación en mi día a día en Madrid que aquí al final del mundo. También me hace una pregunta que me quedará grabada para siempre como útil *vademecum* y criterio de vida: al final del día, ¿con qué te quedas? ¿Con arrepentimiento o con gratitud?

Cada primer domingo del mes, Karen reúne a algunas mujeres para rezar el rosario alrededor del pueblo. Hoy somos cuatro quienes rezamos la primera decena a la puerta de la iglesia. Subimos hasta la gasolinera en el extremo este del pueblo donde rezamos otra decena. De allí subimos hacia la iglesia evangélica, cerca de la entrada del pueblo desde la carretera a St. Mary's. La cuarta decena la rezamos al pie de la montaña, allí donde vive la madre de Karen y cerca de la casa de CharlieBoy, y la última decena la rezamos en el camino de vuelta a la iglesia, cerca de la casa de los Sheppard. Es una manera hermosa de rezar por el pueblo en medio del pueblo, trazando abiertamente una oración en el espacio y en el tiempo. Cada semana solemos rezar el rosario dentro de la iglesia, pero una vez al mes salimos para incorporar al pueblo dentro de la oración.

Cada jueves en Cuaresma algunos parroquianos nos juntamos para rezar el *via crucis*. Paso a paso nos movemos por las paredes, siguiendo a Molly, quien lleva una vela que coloca delante de la siguiente estación.

El rosario por el pueblo es algo tan visible que el pastor Marc me propone para el Viernes Santo coorganizar un paseo similar por el pueblo, ahora ecuménico, en el cual vamos de iglesia en iglesia durante nuestro recorrido. Empezamos en la iglesia católica a orillas del Yukón. Con una sencilla cruz de madera y entre cantos caminamos hacia la iglesia ortodoxa, donde rezamos un padrenuestro. Hacemos una estación frente al colegio, la institución más visible del pueblo, para acabar nuestro recorrido con cantos en la iglesia evangélica.

∂⋲

¡Hemos de rezar tanto por el pueblo y por sus familias! Aunque la familia aquí es una institución, muchas familias son disfuncionales. Hay distintas razones para ello que son como las piezas del puzle más oculto que me llega y que me es imposible de terminar al final de cuatro meses. Una de las razones es la violencia doméstica, de la cual oigo poco pero lo suficiente para percatarme de sus daños. Otra razón que adivino presente, pero que no se manifiesta, es el incesto.

La hermana Kathy ya no habla de árboles genealógicos sino de «jungla genealógica». Cuando alguien muere, todo el mundo me dice que es un primo suyo, cercano o no. Pronto me pierdo en las ramas enredadas. Cuatro meses no son suficientes para aclarar esto. Muchos niños nacen sin que sus padres estén casados, por lo cual dos hermanos raramente llevan el mismo apellido, haciendo más difícil saber quién es quién. Tal vez solo hay en toda la región unas pocas grandes familias mezcladas, como los Peterson o los Beans. La gran familia de los Beans que viven en St. Mary's y en Mountain vienen, así me cuentan, del mismo antepasado, un capitán de ferri a quien le gustaban las alubias, por lo que a sus descendientes se les quedó ese apodo. Los registros bautismales que debo mantener en orden con la celebración de cada nuevo sacramento me ayudan un poco para no perderme en la jungla genealógica de ambos pueblos.

Entre los yup'ik significa una desgracia no tener hijos porque nadie proveerá tu supervivencia cuando seas anciano: «¿Quién me cuidará cuando ya no tenga fuerzas?» De ahí que los niños se adopten o se regalen fácilmente. Cuando los padres por cualquier razón no pueden cuidar de sus hijos, son los abuelos los que se encargan, como era el caso de Thomas y de Mathew.

Un día vuelvo con la hermana Kathy del aeródromo de St. Mary's y llevamos a su casa a una joven que nos cuenta que acaba de dar a luz en el hospital de Anchorage. «¿Dónde está el niño?», le pregunto. Me dice sin parpadear que lo ha dejado con su tía, que no tiene hijos. El padre del bebé ni siquiera la acompaña en un viaje que supongo emocionante.

## 25

## EL TORNEO

> *Para encontrarme me diste
> la pequeñez.*
> DANIEL FARIA

El torneo de baloncesto se celebra en St. Mary's. Después de *potlatch* es la gran actividad que reúne a los pueblos en invierno. Han venido *snowgo* y todoterrenos de todos los pueblos de alrededor, ahora aparcados en la entrada del colegio. Con la gente desgraciadamente llegan también bebidas alcohólicas de los pueblos que no son «secos» como este, causando estragos entre la población. Un pueblo se llama «seco» cuando no está permitido ni comprar ni vender alcohol. Existen cinco grados entre un pueblo seco y un pueblo húmedo, dependiendo de si se puede vender, consumir o introducir alcohol. La solución que muchos han encontrado —porque borrachos veo más de lo que me gustaría— es el alcohol casero, que se vende mucho más caro y además es peor para la salud. ¡Cuántas veces nos llegan noticias de los pueblos vecinos de un borracho que se ha quedado fuera durante la noche para encontrarlo congelado por la mañana!

Subo al gimnasio y saludo a Peter, el conserje que viene a menudo a tomar un té en la parroquia. También veo a Barbara, la profesora episcopaliana con ganas de catolicismo, y a Dave, el simpático director del colegio que encontré por primera vez en el funeral de Johnny y que me edifica siempre por ser una persona tan entregada a su misión.

Hoy están jugando los chicos de mi clase de confirmación contra los de St. Mary's. Sonrío viendo en primera fila a Ruth Ann dormida y con la boca abierta al lado de su marido, Big John, que sigue apasionado el partido. A menudo los veo en misa.

⁂

Después de la misa dominical voy a distribuir la comunión. Tengo un recorrido conocido: primero visito a Katherine y a Thomas, los abuelos de Virginia, cuyo matrimonio con Bruce, que trabaja en la gasolinera, estoy preparando. Katherine ya está muy frágil. Admiro mucho a su esposo, igualmente frágil, que sigue cuidando de ella con tanto afecto y cariño. Les doy la comunión y la unción de los enfermos. Después voy a casa de Moses y Martha. Finalmente sigo con George Jr., de veintidós años, quien ha tenido un horrible accidente de *snowgo*. A su lado, puedo por fin descansar. Le hago compañía mirando un rato el torneo de baloncesto en la televisión.

## 26

## MATHEW

> *Al final del camino me dirán:*
> *¿Has vivido? ¿Has amado?*
> *Y yo, sin decir nada, abriré el corazón*
> *lleno de nombres.*
>
> PEDRO CASALDÁLIGA

Mathew me muestra una huella de lobo. Hemos venido lejos, muy lejos, a buscar leña. Al lado de Sarah intento en vano atrapar un pez, pero aquí pocos pican. Norby me contó que los peces también tienen sus horarios de comer y, si llegamos tarde, no tendremos suerte. Sin embargo, subimos algunos de tamaño mediano y los observo luchando contra la muerte. Al principio, en enero, se congelaban en poco tiempo. Ahora llevan horas agonizando sobre el hielo, con bailes espásticos que a un bienaventurado pez le salvan la vida cuando por casualidad encuentra el hueco de vuelta al agua.

Cada vez paso más tiempo con Mathew y Sarah. Ambos trabajan en el colegio. El bebé, un peludo Samson que bautizaré en Pascua, duerme en mi pecho mientras estoy mirando unos dibujos animados con Mathew Jr., quien, conociendo estos videos de memoria, disfruta mucho contándome lo que está a punto de ocurrir. A veces me lleva afuera y me enseña a disparar.

Los fines de semana salimos a pescar. Mathew y su amigo Kevin también me llevan a cazar alces y matamos uno nada más atravesar el río. Es casi el final de la estación de caza. Debo probar un trozo de aorta nada más cortarlo. Con recelo mastico este pedazo todavía caliente y me siento más salvaje que nunca. Mientras siguen con su labor nauseabunda, decido volver por mi cuenta porque quiero visitar a una familia en duelo antes de que sea demasiado tarde; pienso que conozco suficientemente el camino, pero me pierdo. De repente cae *umta* (neblina) y ya es tarde. Además, las luces delanteras se me apagan por una razón desconocida. ¡Pocas veces me he sentido tan solo! El móvil ahora no me sirve porque no hay cobertura y además tengo la batería baja. No estoy lejos, me digo a mí mismo, el pueblo no está lejos. Me paro y escucho mi aliento, ahora agitado.

## 26 MATHEW

Intento seguir las huellas de las *snowgo* pero están por todas partes. Voy lento porque ya me he caído algunas veces sobre unas raíces o un repentino bulto. Después de muchas vueltas encuentro por fin el conocido paso del río. Suspiro aliviado. Pero la niebla ahora es tan espesa que no percibo la otra orilla con el pueblo. El silencio alrededor me da miedo. A toda velocidad intento atravesar el río. No me ha parecido nunca tan ancho, por lo cual me entra la duda de si estoy atravesando en diagonal o, peor, siguiendo la orilla. Ahora no sé qué tengo delante y qué detrás, si he ido en curva, dónde está el banco de arena, si hay huecos en el río… Confío en que solo sean mis propios demonios que me persiguen, y en efecto: por fin ya puedo vislumbrar las luces del pueblo. Voy directo a la familia, por lo cual Mathew y Kevin se preocupan cuando no encuentran mi *snowgo* aparcada en la iglesia y no respondo al móvil.

Por la noche, Mathew suele encender el *maqii* o baño de vapor. ¡No hay nada mejor para relajarse después de haber pasado un día al frío! Sarah me regala una gorra de lana azul que ha tejido igual que para su esposo. Me aseguran que es la indumentaria más importante para sobrevivir al baño de vapor. El termómetro no indica más de 300 °F (149 °C), pero la pobre aguja ya lleva horas intentando ir más allá, por lo cual deduzco que ahí dentro hace mucho más calor de lo que imaginamos.

El *maqii* consiste en una pequeña cabaña de dos piezas: una muy pequeña con el fuego de leña bajo unas piedras volcánicas y la salita de entrada para descansar y cambiarse. Somos cuatro cuerpos sudados, apiñados en la penumbra del *maqii*. Mathew vierte agua sobre las rocas volcánicas, una y otra vez, soltando olas homicidas que como legiones de pequeñas agujas traicioneras atacan mi pobre piel y me cortan el aliento. Felizmente, encuentro una pequeña grieta en la pared que me regala una brisa helada que me salva, no tanto de una muerte instantánea, sino de la humillación de no aguantar nada como un vulgar *kassaq*.

En la salita de entrada entreabrimos la puerta para dejar entrar la noche fría. A la luz de la luna renacemos relajados y renovados. Fuera, unos perros ladran. El pueblo duerme. Volveremos tres veces al vicioso vapor que nos limpia y agota. ¡Es tan relajante! Me cuesta ponerme la ropa, que se pega a mi piel y que no ha rejuvenecido tanto como yo. En el inolvidable camino hacia la casa, de nuevo solo, admiro las estrellas y me saluda un joven borracho. Cierro la puerta, atravieso el santuario y duermo como nunca.

⁂

Un día, Mathew me deja probar *mangtak*: es la piel cruda de una ballena beluga. Es una carne negra y rosa, y me sorprende su sabor de mango y coco. Pero se ríen cuando les digo esto. Con ellos me siento en casa y me acogen como a un hermano. Les gustaría enseñarme cómo se vive en verano con los mosquitos y los campamentos, y cómo se cazan focas y ballenas.

A la hora de despedirme de Mountain, Mathew me regalará un hermoso arpón que él mismo fabricó. Me quedo sin palabras: a mí no me sirve para nada pero es la herramienta esencial de supervivencia para un yup'ik. ¡Cuántas horas ha invertido en manufacturar esta pieza de metal! Es muy simbólico: es *tessera hospitalis*, el fragmento por el cual se reconocen las antiguas alianzas; es prenda, arras y garantía de amistad; es viático para sobrevivir en aquel mundo al cual vuelvo.

## 27

### LAS AVES

*Que bien sé yo la fonte que mana y corre,*
*aunque es de noche.*
JUAN DE LA CRUZ

Las aves han empezado su vuelta al norte: se las oye desde lejos, a los gansos primero. Es abril y los días se hacen más largos. Ahora hay luz desde las cinco de la mañana hasta las once de la noche. Cada día es más peligroso aventurarse sobre el río, donde los charcos de agua se multiplican y el hielo se derrite a toda velocidad.

Dos veces Mathew me lleva al banco de arena en medio del Yukón porque es allí donde las aves suelen descansar. Me enseña cómo enterrarse en la arena a la espera de patos y cisnes que nos sobrevuelen en pequeñas bandadas. Instalamos gansos de papel no muy lejos de donde nos escondemos para atraer a los del cielo: pensarán que es seguro aterrizar aquí. Pero cazarlos al vuelo no es nada fácil: no logro matar ni siquiera una gaviota. Y cuando unos pasan no muy alto, justo encima, me quedo asombrado y olvido disparar. Los yup'ik a mi alrededor tienen más suerte y más experiencia y los dos gansos que la madre naturaleza envió tan generosamente en mi dirección caen en poco tiempo a sus pies. Después de horas bajo la lluvia y aterido de frío, espero con ansiedad la señal de levantar el campamento.

Cuando por fin nos decidimos a volver a casa, hemos de atravesar el hielo que, para mi horror, se ha derretido muchísimo durante estas pocas horas que me han parecido una eternidad. Concluyo que soy más dado a pescar que a cazar. Aunque percibo la belleza de un mundo que lentamente y de manera segura se despierta debajo del hielo, esos días de marzo y abril son más grises y lluviosos que los espléndidos días de sol y de cielos azules despejados de enero.

Pasamos el río paso a paso como por un campo de minas, así de frágil nos parece el hielo. Es un milagro que todos logremos atravesarlo porque al día siguiente ya no será posible. Cada cual aquí podría contar una historia de un ahogado en la familia.

ॐ

Después de la misa, Angelina me alegra el día: me sorprende con una hermosa tarjeta. Tiene nueve años y suele acompañar a su abuela Martha a misa. Puede parecer poca cosa, pero la tarjeta que ha hecho para mí me consuela y me hace seguir. Debo recibir consuelo antes de poder darlo.

Tantos funerales en tan poco tiempo agotan al pueblo. Mi misión es consolar, aun cuando solo pueda estar presente. Todavía oigo, como si fuera ayer, las benditas olas que me llevaron en procesión, incorporándonos a ocho candidatos al diaconado: «El Señor os dará su Espíritu Santo; ya no temáis, abrid el corazón; derramará todo su amor...» Aun cuando la gente ya no va a misa, cuentan con el *agayulirta* para guiarlos a través del rito de paso tan antiguo que consiste en despedirse de un ser querido. En aquel momento, más que nunca, no necesitamos rituales que quiten el dolor, sino que lo reorienten y le entretejan consuelo.

*Consolad, consolad a mi pueblo* era la lectura de mi ordenación. Afortunadamente, el obispo entonces reflexionó tanto sobre esas palabras que quedaron grabadas en una cámara secreta de mi interior, donde despiertan en momentos como este, cuando me toca acompañar a otra familia en duelo, otra vez sin saber qué decir. Pero resisto. Aguanto un poco más, solo para estar con ellos. Lo notan y me lo agradecen, este «poco más»: les llama la atención y lo aceptan como gratuidad. Confío en que, aunque soy limitado y vulnerable, algo conecte con su límite y su vulnerabilidad. Sé que, conmigo, la Iglesia oficial entra en sus casas. En sus umbrales, cobra sentido el *in persona Christi* recibido en mi ordenación. No se trata ya de jerarquía sino de presencia: en una hermosa palabra castellana, se trata de *cariño*. Tantas veces en la eucaristía rezo: «Danos entrañas de misericordia ante toda miseria humana, inspíranos el gesto y la palabra oportuna frente al hermano solo y desamparado, ayúdanos a mostrarnos disponibles ante quien se siente explotado y deprimido…»

El episodio de Emaús me recuerda que la evangelización empieza en el umbral, en la mesa, dentro de la casa. Es cuando san Pedro pisa el umbral de la casa de Cornelio que puede decir: «*Verdaderamente ahora comprendo que Dios no hace acepción de personas.*» ¡Es impresionante este descubrimiento de Pedro! ¡Es en el umbral con este desconocido donde tiene una revelación sobre quién es Dios! Este umbral del extranjero, de mi prójimo a orillas del Yukón, es epifanía.

Esa es la Iglesia de *Gaudium et Spes*. Esa también es la Iglesia como la sueña el papa Francisco: «Prefiero una Iglesia accidentada, herida y manchada por salir a la calle, antes que una Iglesia enferma por el encierro y la comodidad de aferrarse a las propias seguridades.» Y siempre va por dos caminos: ellos cuentan conmigo como su *agayulirta*, pero yo los necesito porque son mi *agayulirta*, mi Cleofás; son ellos quienes traen a Cristo a la vida cuando están conmigo y cuando conversan conmigo.

Estar entre los yup'ik es lo que más deseo y necesito ahora en este momento de mi vida. Doy gracias y con estas palabras quiero honrar a todos aquellos santos anónimos, estos apóstoles menos conocidos que me llevan a Cristo. Ahora recuerdo uno de los momentos más íntimos con Cristo durante los Ejercicios en Portland. Charlie me había invitado a contemplar al joven Cristo. Por la tarde estaba caminando con Él cuando me dijo: «Mira a esos pescadores: gente como ellos salvarán el mundo.»

Ahora, estando entre pescadores sencillos, lo entiendo mejor, de modo nuevo: gente como ellos salvarán el mundo. Anthony Bloom cuenta cómo un sacerdote que vivió más de la mitad de su vida en un campo de concentración siguió dando gracias a Dios: «Pude ser ministro suyo allí donde era necesaria la presencia de uno de ellos.»

## 28

## SARAH

> *Solo hay verdadero diálogo*
> *cuando es de herido a herido.*
> PEDRO RODRÍGUEZ PANIZO

Sarah y su hermana Elena me llevan a Kusilvak con la inverosímil promesa de atrapar peces muy gordos. Mathew se queda en casa para ocuparse de los niños. Hoy es sábado y no trabajan. Kusilvak es una montaña imponente que se sitúa a medio camino entre Mountain Village y Scammon Bay, por lo cual viene a pescar a sus pies mucha gente de ambos pueblos. MaryAnn me comentó que había vivido en una casa al pie del Kusilvak. La he admirado tantas veces desde la colina del zorro. Por fin nos encontraremos. Es también lo más lejos que iré en *snowgo*, a dos horas de camino.

Las sigo a través de la tundra, por senderos que parecen túneles en el bosque, disfrutando del aire en mis mejillas, apenas esquivando una rama demasiado baja; como los yup'ik no son tan altos, pasan a toda velocidad como si nada. El paisaje es realmente asombroso. Necesito recorrer la tundra a toda velocidad y sentir el aire sobre mis mejillas cuando estoy sobrecargado de historias de pena y dolor que me remiten a mis propios límites. Es entonces cuando más curativo es lo ilimitado del paisaje.

Pero como su *snowgo* es más potente que la mía las pierdo de vista. ¿Cómo es que no miran dónde estoy? Me entra el pánico. Hay tantas huellas de *snowgo* en el suelo que no sabré adonde ir en el próximo cruce. Hace ya un rato que las he visto desaparecer detrás de un bosque. Voy a toda velocidad pero mi *snowgo* no hace ningún milagro. Me esperan donde se pueden ver las ruinas de la casa de MaryAnn. Allí nos hacemos un *selfie* con la impresionante montaña a nuestras espaldas.

Un poco más lejos encontramos ya a muchas familias pescando. Hace mucho viento y nos calentamos con *kuviak* y tiras de salmón. Además de los peces, encuentro ahí a un hombre de Mountain que viene a charlar un rato conmigo, hablando libremente de su padre, del padre Ted y del pueblo mientras numerosos pájaros blancos a nuestro alrededor buscan frenéticamente los gusanitos oscuros que dejan los peces sobre el hielo.

Aquí se pescan lucios (*pike fish*): son muy feroces, atrapan todo lo que se mueve en su camino por las aguas profundas y cuando muerden te pueden arrancar el *manaq* de las manos. Ni siquiera necesitan cebo, pero Sarah me ayuda a sacarles los ojos que sirven de excelente cebo. La pena es que lo hace mientras están vivos.

※

Cuando saco el primer lucio de las aguas, sé que va a ser mi cena, pero también mi primer experimento de limpiar y preparar un pescado. En mi cocinita me preparo para la disección. Resbala entre mis manos y lo paso bajo el grifo: es un hermoso ejemplar, no muy grande pero suficiente para una cena frugal. No puede ser más fresco: hace un rato escaneó los fondos del río justo donde yo lo esperaba. Le abro el vientre con un cuchillo y le saco todo lo asqueroso que encuentro allí. Lo paso por agua y dejo que se cueza en un poco de aceite en el horno.

Abro una lata de guisantes —aquí no hay verduras frescas— y preparo un poco de arroz. Estoy feliz en mi pequeño recinto. La tranquilidad de la noche solo se llena de los conocidos *duf duf duf* de las *snowgo* que van a la tienda. Esta noche estoy cansado y quiero estar solo. Espero que nadie llame a la puerta, pero esto siempre es una posibilidad. Las hermanas de St. Mary's me dejaron unos episodios de la serie británica *Call the Midwife*: me gustaría tener una noche tranquila ante el televisor. El pescado sabe a tierra, lo que no me disgusta, pero también está lleno de minúsculas espinas traicioneras en forma de Y que me obligan a mantenerme bien atento y ocupado mientras como.

A veces, me siento paradójicamente más solo ahora que conozco mejor a algunos esquimales. Lo inhospitalario de la naturaleza me hace depender más de ellos.

## 29

## MIS AMIGOS

> *Mi cuenco de mendigar*
> *acepta hojas caídas.*
> TANEDA SANTOKA

Mis amigos, muy lejos de aquí, aunque los llevo conmigo adondequiera que voy, me ayudan a vivir esta experiencia que tiene sus momentos difíciles de soledad y desesperación. La distancia también filtra la red de mis amigos. Son los pocos peces gordos que siguen siendo fieles: el resto sigue su rumbo, inalterados por la red.

Mis amigos me ayudan a no preocuparme por el futuro, sino a concentrarme en el presente, a disfrutarlo y a entregarme totalmente. Necesito escribirles lo que vivo y escuchar el eco en sus respuestas. Cuando escribo sobre cuánto me llena la súbita visión del pueblo en el horizonte después de haber estado perdido por horas en la tundra, me dice uno: es realmente una metáfora de la vida que llevamos… saliendo para volver a casa, una y otra vez.

Una amiga me comenta cuán importante es estudiar teología precisamente para poder estar cerca de la gente. Me lo explica con la imagen del árbol. Sus frutos dependen de las raíces, sobre todo de las más blancas y finitas, a oscuras en el suelo. Son como hilos, capaces de beber las dulces aguas de la tierra. Estudiar teología no es lo más vistoso y espectacular, pero nos prepara para identificar el árbol que somos. De esto dependerá cómo recibamos la luz y la lluvia, y cómo aguantemos las tormentas y la sequía…

También me viene a la mente la imagen de la caja de herramientas: haber vivido mi infancia en Camerún me ha capacitado para esta experiencia entre los yup'ik. Es como si hubiera abierto una caja de herramientas que ahora me sirve. Suena extravagante quizá, pero lo entiendo así. Y esto me llena de gratitud hacia mis padres, quienes me han dado la vida, la fe y esta experiencia fundante e inolvidable de mi infancia en Camerún.

Otro amigo me dice, sin rodeos: «Leo entre las líneas que te has enamorado. Es más, no haces nada para disimularlo. Es lo que podemos aprender de nuestros compañeros: a enamorarse de la gente. Como se maravilló el profeta: *¿quién me ha dado tantos hijos?*»

Paso rápidamente la aspiradora por la iglesia y apago la calefacción, pensando en el mal día en que la puse para que la gente estuviera cómoda durante un funeral, y que después me costó horas de airear la iglesia a causa del mal olor del difunto. Miro por la ventana y contemplo un largo rato a los sepultureros, otra vez con su labor ingrata en la colina.

Al principio no entendía por qué los yup'ik no se van a otras partes más hospitalarias del mundo, donde la comida es más sana y menos cara. Al principio solo veía lo obvio, lo duro de esta vida: el frío, la oscuridad, el aburrimiento, la extrema dependencia del clima, la dura labor de la pesca y de la caza, la depresión, los muertos. Ahora percibo que es *su* tierra y *su* vida: toda actividad está tan íntimamente vinculada a su ser que en cualquier otra parte se sentirían desterrados, perdidos, fuera de su lugar. Esto también me lo confirman los pocos yup'ik que viven fuera y que encuentro en los funerales.

Nos visita el obispo Chad: viene especialmente para la celebración de la confirmación pero aprovecha para conocer mejor el pueblo. Sin ningún recelo se sube a mi todoterreno —el clima me ha impuesto un cambio de vehículo y de camino (ya no puedo ir a St. Mary's por el río, sino que voy por la carretera, que es un camino más largo pero que atraviesa paisajes hermosos y en el cual disfruto de la soledad, sobre todo durante la Semana Santa con sus muchas vueltas entre pueblo y pueblo)— y así lo llevo a las casas de los ancianos y a la clínica: admiro su sencillez y su cercanía con la gente.

## 30

## MOSES

*Voy a prepararos un lugar.*
Jn 14,2

Moses me acoge en su casa desde el primer momento, en el vigésimo quinto aniversario de boda de su hijo Mel. Ya entonces estaba muy enfermo, y lo acompaño a él y a su familia hasta su muerte. Los Paukan me atienden siempre con mucha generosidad. Nos divertimos mucho. Moses siempre me habla de Netanyahu, no sé muy bien por qué. Me gusta pasar por su casa con vistas al Andreafski y lo hago a menudo en las últimas semanas de su vida, cuando ya no sale de la cama, cuando ya no habla, cuando ya no reconoce a nadie.

※

Alrededor de su cama lo rodean las fotos de su extensa familia: reconozco en ellas su propia «comunión de los santos». Allí está la foto de su boda, con su querida y siempre afectuosa Martha: tan jóvenes, tan fuertes y tan llenos de vida. Me muestra la foto de su gran amigo el padre Astruc. En este particular crepúsculo entre cielo y tierra, entre la vida y el más allá, parece que ya puede entrever a su padre y a sus hermanos dándole la bienvenida. Agitado, le pide a Martha que prepare suficiente *kuviak* para poder acogerlos.

En mis escasas visitas a St. Mary's veo como la vida se escapa poco a poco de su cuerpo, dejando atrás una cáscara vacía con los ojos desenfocados y con las manos demacradas que vacilan inquietas en el aire, buscando algo o a alguien. Es como acompañar a un rey sabio o al viejo patriarca de un gran linaje en su lecho de muerte. Tan digno y tan noble. Cuando un niño nace, llora y todos alrededor están contentos. Ahora es justo al revés: todos alrededor nos sentimos abatidos por la vida que se apaga gradualmente y él ya está en el umbral acogiendo a los suyos. La fe nos dice que Moses sigue en el abrazo de Dios. Pero cuesta verlo apagarse poco a poco como una llama vacilante. «Voy a prepararos un lugar», dijo Jesús. Igual que uno hace sitio para otro en un banco, así Jesús hace sitio para nosotros, allí en el abrazo del Padre. Aprendo mucho aquí en su lecho de muerte. No podré decir muy bien qué pero sé que aprendo mucho, compartiendo en silencio.

Por la tarde voy en busca de la tumba del padre Astruc. La encuentro fácilmente bajo la nieve y entre los pinos, en el pequeño cementerio de la misión ahora en ruinas. En mi búsqueda tropiezo con la tumba de la hermana ursulina belga Escolástica. Me sobrecoge verlos aquí en medio del pueblo al cual sirvieron, su alegría.

ぞ

La noche antes del funeral en que llevan a Moses a la iglesia toco para él las *Variaciones Goldberg*. Estamos aquí solos. Llego al aria final, que es como una abeja llena de rostros y nombres pero que sigue siendo tan sencilla como al principio. Bebo el silencio. Moses en su ataúd, detrás de mí, y yo sentado al piano: ambos compartiendo un rato de eternidad junto al sagrario. Es una especie de abrazo. ¡Cuánto me gustaría guardar este momento y llevarlo conmigo! Después de un largo rato que se puede llamar oración, me levanto. Es ya medianoche pasada y voy a descansar en paz.

ぞ

Al día siguiente una multitud acude al funeral, que se celebra en el gimnasio del colegio por razones de espacio. Es un funeral digno. Después, por el río que ya empieza a derretirse, seguimos al camión con el ataúd en una lenta caravana de todoterrenos. Sobre mi todoterreno llevo un enorme ramo de rosas muy rojas que destacan sobre los grises apagados del paisaje. Podría ser una escena de Fellini, tan surrealista me parece este momento. Las rosas sirven para el entierro: cada uno de los asistentes lanzará una a la tumba antes de cerrarla.

Enterramos a Moses en su *fish camp* o campamento de pesca a orillas del Andreafski bajo un cielo melancólico. Su hijo Mel homenajea a su padre con una frase muy suya, que revela cuán patriarca era: «No miméis a vuestros hijos; con los míos ya se ha alcanzado la cuota de los mimados en el mundo.»

Muy en lo alto, un águila dibuja círculos imaginarios en el cielo. Uno tras otro.

## ME LLAMAN

*Nada es más práctico que encontrar a Dios.*
*Es decir, enamorarse rotundamente.*

PEDRO ARRUPE

Me llaman «padre» y tal vez lo soy, pero nunca lo he vivido tanto como el día de la confirmación. Por fin ha llegado el momento por el que pedí alargar mi estancia aquí. Es la primera eucaristía que no presido y estoy a punto de despedirme del pueblo. Lo considero, pues, el culmen de mi estancia. Durante la homilía del obispo contemplo la asamblea y miro una tras otra las caras que me han sonreído y llenado estos cuatro meses. Me emociona saber que pronto dejaré atrás estos rostros, estas historias, estas vidas, estas familias, estos sueños, estos logros, estas luchas, dudas y secretos, este sufrimiento, estas esperanzas y estos amores…

*¡Ojalá encuentres mi abrazo en cualquiera que venga a tu encuentro y en cualquiera que Yo quiera abrazar!*: así sonaba la confirmación de mi llamada durante el mes de Ejercicios, y así sigue sonando. Si de verdad padre soy, de ellos podré decir, como dice

la Biblia: «son los hijos que ha otorgado Dios a tu siervo». Uno de los milagros de nuestra vida, una de las cosas más preciosas en una vida, es dejar una huella. ¡Ojalá sea de amor esa huella! Los marcados por el sello de amor tendrán vida para siempre.

Un día en mi salón, después de una de las clases de confirmación, Alex se queda atrás. Me cuenta su vida, especialmente un viaje nocturno después de un torneo de baloncesto en Emmonak, una sospechosa pérdida del camino «porque los espíritus los perseguían» y un accidente de *snowgo* de donde salió milagrosamente con vida.

Mientras me está hablando, como un relámpago me doy cuenta de que él me percibe en *aquel* papel que tanto admiré como niño y que me puso en camino para ser cura. Alex se ha quedado atrás para contarme cómo lo conmovió algo que había percibido en el padre Ted y que ahora encuentra también en mí. Busca palabras para definirlo: un celo, un afán, un ardor, una llama que desea encender otra llama en los demás. Lo que admira en nosotros no es nuestra personalidad —muy distinta, por cierto—, sino lo que nos une a pesar de nuestras diferencias:

una continuidad de visión, de perspectiva, de coherencia… —de *presencia*, añade visiblemente satisfecho por haber encontrado esta palabra que mejor traduce lo que intenta decir. Emocionado, me callo y no sé qué decir. Rezo: que esta luz que se ha encendido en él hace tiempo y que ahora veo revivir siga haciendo su obra en él aun cuando yo no esté.

Pienso en este momento cuando, orgulloso como un padre, les miro uno a uno en el momento en que el obispo los confirma y quedan infundidos de Espíritu Santo.

ತಿ

*Tua-i-ngunrituq*: así se despiden los yup'ik. Norby me explica que no significa adiós, en el sentido de «ya no nos veremos más», sino todo lo contrario: «esto no es el final»; lo nuestro «no se acaba nunca». Implica que siempre estaremos unidos. Y para dar ánimo añaden *piuraa*, lo que significa: «¡Sigue adelante!»

Después de contar una historia, los ancianos solían decir: «Ahora, mi historia ha terminado. Lo que no he dicho, lo que he olvidado, encajará de una manera u otra (*nalluyagutellrenka*).» Así sea.

# SILENCIO

¿Alguna vez han escuchado el silencio? No hablo del silencio incómodo, de la incapacidad de hablar, de no encontrar las palabras justas, de la mudez, del mutismo, del vacío de sentido, de la ausencia de ruido. Quiero decir el silencio lleno de palabras y de presencia, el silencio que rebosa sentido, belleza, verdad y vida.

Tal vez, para poder escucharlo, hay que saber escuchar lo anterior a este silencio, cómo el silencio todavía vibra y resuena y está lleno, portador de la música anterior. No conozco silencio más lleno de vida que aquel que llega al final de las *Variaciones Goldberg*. No conozco pieza más sencilla y profunda que exprese la vida humana en lo que tiene de más sencillo y de más profundo. Estas variaciones nacen de una sola nota, un sol, de donde Bach saca un río interminable de notas, una tras otra: unas veces ágiles y agitadas, otras veces más tranquilas y serenas, serias o tristes, alegres o esperanzadas; un sinfín de emociones, notas que bailan como flamencos antes de despegar y planear en la siguiente variación. Las notas bajan y suben, se siguen, se persiguen y se pisan como una corriente que nunca cesa pero que acaba… en el mismo sol, exactamente en el lugar donde empezó. Y este sol da lugar al silencio…

…un silencio que nunca resonó tan denso como aquella noche cuando toqué las *Variaciones* para un difunto. Ese silencio me cambió la vida.

Ocurrió hace tres años. Trabajaba yo por entonces como cura entre los esquimales yup´ik en Alaska. Me había hecho amigo de Moses, un auténtico *pater familias* y referencia en todo el pueblo. Pero ya era anciano y enfermo y vi como su dignidad y solidez se derrumbaban poco a poco, dando paso a una humanidad frágil y decrépita. Apenas podía levantar el brazo para acoger a sus hermanos que ya se le acercaban desde detrás de la cortina que separa la vida de la muerte. Allí, en su lecho de muerte, tuve que aguantar muchos silencios incómodos. Cuando sus familiares esperaban de mí unas palabras de consuelo, de esperanza o solo de compañerismo, las buscaba como un loco en mi interior, pero no las encontraba. Solo había silencio en mí. Buscaba las palabras adecuadas en Dios, pero solo encontraba silencio. Mirar a los yup´ik, sentir su silencio, su capacidad de estar en silencio, me dio la fuerza para aguantar mis propios silencios incómodos.

Nunca entendí lo que era el silencio antes de viajar a Alaska. Del mismo modo que los esquimales tienen una amplísima variedad de palabras para designar el blanco de la nieve, de la montaña, del río, del hielo, del cielo, de la tundra y de la luna, así supongo que también tendrán miles de palabras para el silencio. Hay muchas variaciones del silencio en mi vida, cuando no sé qué decir y no aguanto más la ausencia de palabra, pero también hay silencios acogedores y pacíficos que me envuelven como un manto protector. Hay silencios compartidos que son cálidos como un abrazo. Está el silencio de mi soledad, cuando no sé qué hacer conmigo y no puedo contar con nadie. Está el silencio de Dios, algunas veces benéfico, otras veces aterrador. Está el silencio de la mañana, cuando solo se oyen el viento y los pájaros. Está el silencio de la montaña y del horizonte. Está el silencio de quien ya no me escribe ni me llama porque la última vez nos separamos peleados; y para protegerme de este silencio punzante está el silencio que levanto en mí como una fortaleza de donde ya no me atrevo salir. Hay muchos silencios en mi vida, pero a uno en particular llegué totalmente por sorpresa. Les cuento:

Cuando Moses murió, llegué yo también al final de mi estancia entre los yup´ik. Pasé toda una noche con su féretro abierto en la iglesia. Me quedé un poco a su lado, rezando en silencio. Pero rápidamente me aburrí y decidí tocar el piano. Y allí hice algo que siempre había querido hacer para él: tocar las *Variaciones Goldberg*. Cuando por fin llegó, después de una hora, después del río de notas interminables, el último sol que da lugar a aquel silencio denso y lleno de todos los silencios del mundo, sabía que había llegado por fin mi silencio. Fue el silencio más hermoso de mi vida, que guardo como un tesoro conmigo. Es el silencio de donde saco fuerzas para levantarme por la mañana; es el silencio que me hace capaz de escuchar realmente a otro ser humano, sobre todo capaz de escuchar su vulnerabilidad; es el silencio que me hace sencillo cuando otra vez me complico la vida; es el silencio que me saca de mí mismo cuando de nuevo elijo la postura de víctima. Este silencio me lleva a mí y me construye.

❦

…¿Alguna vez han escuchado el silencio?

*What did I know, what did I know
of love's austere and lonely offices?*
ROBERT HAYDEN